KB106032

인생의 문장들

1만 권의 책에서 찾아낸
변치 않는 삶의 해답

인생의 문장들

데구치 하루아키 지음
장민주 옮김

더퀘스트

명언의 힘 :

인생을 뻔뻔하게, 현명하게, 재미있게 사는 법

저는 교양이나 품격같은 단어를 실은 무척 싫어합니다. 사람들은 지식이나 정보가 많으면 교양이 있다고 여기는 듯합니다. 그런데 이 단어가 쓰이는 방식 때문일까요. 언뜻 격조는 높아 보여도 깊이는 없고 겉만 번지르르하다는 부정적인 느낌이 먼저 듭니다.

교양이란 결코 그렇게 시시한 게 아닙니다. 교양이란 인생을 즐겁고 유쾌하게, 두근두근 설레게 해주는 도구이지요. 책을 읽거나 사람들의 이야기를 듣거나 여행을 다니면서 다양한 깨달음이 생길 때마다 아는 것이 늘어납니다. 자기만의 사전이 풍성해지는 거지요.

이것이 교양의 입구입니다. 아는 것이 하나하나 늘어나고 사전이 풍성해지는 사이에 자기 세계는 점점 확장됩니다. 자기 세계가 확장된다는 것은 인생을 살아가는 선택지와 인생을 즐길 수 있는 선택지가 늘어난다는 뜻입니다. 선택지가 늘어날수록 인생은 더 재미있어지고 수월해집니다.

예를 들어 와인에 대해 아무것도 모르는 사람이 레스토랑에서 와인 리스트를 보면 그저 문자의 나열로밖에 보이지 않고 무엇을 선택해야 할지 모르기 마련입니다. 그래서 어쩔 수 없이 가게에서 추천해주는 대로 주문을 합니다. 이처럼 자기만의 사전이 풍성하지 않으면 선택지도 줄고 즐길 수 있는 범위도 좁아집니다.

한편 와인을 자주 마셔보면서 맛의 차이를 느끼고 포도의 종류, 포도 재배 시 토양 및 기후와의 관계, 양조법, 맛있게 마시는 방법 등을 공부해간다면 어떨까요. 와인 리스트에 적힌 글자 하나하나가 의미 있는 것으로 들어올 것입니다. 그러면 이제 어려울 게 없습니다. 그날의 기분이나 함께 마시는 사람들 또는 그 자리의 분위기에 따라 어울리는 와인을 직접 고를 수 있습니다. 그런 인생이 더 즐겁지 않을까요?

교양이란 그런 거라고 생각합니다. 인생의 색채를 풍요롭게, 두근두근 유쾌하게 만들어주는 것. 그런 인생을 살고 싶다면 배

인생의 문장들

우는 일, 즉 교양을 체득해가는 일이 반드시 필요합니다.

이 책은 동서고금의 명작과 명저 속 명언을 제 나름대로 골라 소개한 것입니다. 명언이란 교양을 한마디로 정리한 것입니다. 그 안에는 인생을 즐겁고 유쾌하게, 두근두근 신나게 살아가기 위한 지혜가 한가득 응축돼 있습니다. 그런 연유로 명언이 될 수 있었다고 저는 생각합니다.

명언이란 무엇보다 역사의 풍설을 견디고 지금 시대까지 살아남은 한마디니까요. 시간과 공간을 초월해 많은 사람들이 "재미있어" "진실이야" "기억해두자"라고 지지해왔기 때문에 지금까지 전해져 온 것입니다.

명언을 통해서 우리는 과거로부터 전해져온 인류의 다양한 지혜를 배울 수 있습니다. 실제로 오래된 지혜를 배우는 일의 중요성을 알려주는 명언이 있습니다. 12세기 르네상스 시대 프랑스에서 플라톤의 사상을 연구하고 발전시킨 샤르트르 학파의 중심인물, 베르나르 드 샤르트르Bernard de Chartres의 말입니다.

"거인의 어깨에 올라타면 더 멀리 볼 수 있다."

베르나르는 과거의 현자나 그들이 남긴 연구 성과 등을 거인에 비유해, 거인의 힘을 빌리면 더 넓게 더 깊게 더 멀리 세상을 볼 수 있다는 의미로 이 말을 남겼습니다.

사람의 인생이 100년이라면 그동안에 경험할 수 있는 것은 지극히 제한적입니다. 경험을 통한 배움은 한계가 명확하지요.

그래서 프로이센의 명재상 비스마르크Otto von Bismarck는 "어리석은 자는 경험에서 배우고 현자는 역사에서 배운다"라고 갈파했습니다.

그렇다면 자기 바깥에서도 배움의 대상을 찾아봐야 합니다. 이 세계에는 고전이라 불리는, 옛사람들이 남긴 막대한 유산이 있습니다. 그 유산을 활용하지 않을 이유는 없습니다. 기왕지사, 그 지혜를 빌려야지요. 거인의 어깨에 올라타야지요. 과거의 지혜를 배워야지요. 계속 배우다보면 교양이라는, 인생이 유쾌해지는 강력한 도구를 좀 더 쉽게 사용할 수 있을 것입니다.

여담이지만, 앞의 베르나르의 명언은 논문이나 학술지를 검색하는 구글 학술 검색scholar.google.com의 첫 페이지에 '거인의 어깨 위에 서라'라고 실려 있습니다(한국어 페이지에는 '거인의 어깨에 올라서서 더 넓은 세상을 바라보라-아이작 뉴턴'이라고 되어 있다-옮긴이).

명언을 소개하기 전에 한마디 해두고 싶은 말이 있습니다. 인생이 크게 달라지는, 눈이 번쩍 뜨일 만한 명언을 기대하지는 말라는 것입니다. 살다가 역경에 부딪혔을 때 '그래, 그런 말이 있었지' 하고 문득 떠올라서 상황을 타개하는 데 약간의 힌트가 될 수 있다면 고마운 일이지요. 명언을 대할 때의 마음가짐은 그 정도가 딱 알맞다고 생각합니다.

그리고 이 책은 어디까지나 제 머릿속에 우연히 떠오른 명언들을 모은 것입니다. 당연히 이외에도 명언은 무척 많습니다. 바라건대 이 책이 여러분 각자가 자신만의 명언집, 자기만의 사전을 만드는 데 작은 보탬이 되었으면 좋겠습니다.

책, 사람, 여행을 통해서 무릎을 탁 치게 만드는 명언이나 지금 심정에 꼭 들어맞는 문장을 만난다면 그 문장을 자기만의 사전에 추가해보세요. 사전이 풍성해질수록 인생을 뻔뻔하게, 현명하게, 재미있게 사는 지혜도 쌓여갈 것입니다. 그 결과 여러분의 인생이 전보다 풍성한 색채로 꾸려진다면 저자로서 그 이상의 기쁨은 없을 것입니다. 여러분의 기탄없는 의견을 들려주세요(메일주소: hal.deguchi.d@gmail.com).

리쓰메이칸 아시아태평양대학교APU 학장

데구치 하루아키

차례

1장

인생에 대한 새로운 태도

불행을 멀리하는
사고방식

이 문으로 들어서는 자,
모든 희망을 버려라.

-단테 알리기에리, 《신곡·지옥편》

자신에게 일어난 일을 어떻게 받아들일 것인가.

일어난 일을 어떻게 받아들이느냐에 따라 인생은 행복해지기도 하고 불행해지기도 합니다. 비슷하게 불운한 상황에서도 날마다 충실하게 살아가는 사람이 있는가 하면 '아 정말 힘든 인생이다'라고 푸념하면서 살아가는 사람도 있습니다. 어떻게 받아들일 것인가에 따라 인생은 얼마든지 달라지는 법입니다. 이걸 인생관이라고 해도 좋겠지요.

그렇다면 왜 사람마다 받아들이는 태도가 다를까요? 타고난 기질 때문일까요? 자라난 환경 때문일까요? 물론 이런 요소들이 인생관을 형성하는 데에 크게 작용할 것입니다.

다만 저는 더 큰 영향을 끼치는 것이 교양 또는 지식이라고 생각합니다. 아는 경험이 쌓일수록 세상의 다양한 이치를 더 깊게 이해할 수 있습니다. 이해하는 범위가 넓어지고 깊어질수록 자기만의 편견을 버리고 상황을 좀 더 명확한 시선으로 볼 수 있습니다. 어떤 사건이 벌어져도 감정에 휘둘리지 않고 냉정하게 받아들일 수 있게 되는 것입니다.

제가 직접 경험으로 체득한 바이기도 합니다. 저는 대학을 졸업하고 일본 최대 생명보험 회사인 일본생명보험상호회사에 입사했습니다. 동기들 가운데 가장 먼저 부장으로 승진도 했습니다. 겉보기에 탄탄대로의 출세가도를 달리고 있었지요.

그러다 50세 때 돌연 그 길에서 벗어납니다. 대표 이사와 해외 진출 문제를 놓고 정면으로 충돌했다가 좌천당하고 55세의 나이에 자회사인 건물 관리 회사로 쫓겨난 것입니다. 그런데 이런 상황에서도 저는 주변 친구들이 의아하게 생각할 정도로 침울해하지 않았습니다. 이유는 간단했습니다. 그동안 역사책과 고전을 많이 읽어왔기 때문이었습니다.

동서고금의 역사를 읽어보면 좌천당한 사람들이 무수히 등장합니다. 현대 일본 기업들을 봐도 사장은 5년에 한 명 나올까 말까이니 좌천당한 사람이야말로 압도적 다수파인 것이죠. 더욱 흥미로운 사실은 지금까지 남아 있는 고전 작품 대다수가 작가가 좌천당했을 때 쓴 것이라는 점입니다.

마키아벨리Niccolò Machiavelli의 《군주론Il Principe》도 그중 하나입니다. 마키아벨리는 1494년 메디치 가문이 추방당한 직후부터 피렌체 공화국에서 우수한 관료로 일하다가 메디치 가문이 복권하면서 쫓겨나고 맙니다. 몇 번이나 재등용을 바라는 탄원을 올렸지만 바람은 이뤄지지 않았습니다. 메디치 가문의 입장에서 보면 마키아벨리는 자신들을 쫓아낸 공화국 정부의 사람이었습니다. 그들이 상대도 해주지 않았던 것은 당연했지요.

마키아벨리는 어쩔 수 없이 시골에서 은둔 생활을 시작했습니다. 그때 쓴 것이 《군주론》입니다. 낮에는 평상복 차림으로 들일을 하고 밤이 되면 정부에서 일할 때 입었던 정장을 갖춰 입고 글을 썼다고 합니다. '이렇게 우수한 나를 고용하지 않다니 말이 되냐고!' 그런 울분을 《군주론》에 멋지게 풀어낸 것입니다.

좌천되고 뛰어난 작품을 남긴 사람은 마키아벨리만이 아닙니다. 중국 한시를 봐도 작가가 좌천당한 시기에 쓴 것이 무척 많다는 사실을 알 수 있습니다. 그만큼 좌천당한 사람이 많았다는 반증일 것입니다.

좌천과 고전 명작 사이의 이러한 상관관계는 생각해보면 지극히 당연한 일입니다. 자리에서 물러나면 시간 여유가 생기기 때문에 똑똑한 사람들이 충분한 시간을 들여 후세에 남을 훌륭한 작품을 쓸 수 있었던 것입니다. 계속 출세가도를 달렸다면 일이 너무 바빠서 작품을 쓸 시간도 없었겠지요.

이렇게 말하는 저 역시 좌천당한 덕분에 더 많이 독서하고 더 자주 여행할 수 있었습니다. 전국을 돌며 유명한 신사들을 샅샅이 둘러보는 경험도 그때 할 수 있었지요.

불필요한 고뇌를 없애준 단테의 한마디

좌천당한 사람이 다수파라는 것은 어찌 보면 당연한 일입니다. 왜냐하면 인간 사회는 기본적으로 피라미드 구조이기 때문입니다. 어떤 나라든 기업이든 조직이든 간에 최고 위치까지 올라갈 수 있는 사람은 극소수이며 대부분은 중간에 탈락합니다. 역사 전체를 봐도 이것이 인간 세상의 자연스러운 모습입니다.

지금의 회사원도 예외가 아닙니다. 좌천당하지 않고 평생 회사원으로 살다가 정년을 맞이한 사람은 단지 운이 좋았던 것뿐입니다. 대부분은 좌천됩니다. 극단적으로 말하면 사장이 되는 사람 이외에는 모두 어느 단계에선가 좌천당하는 셈입니다. 그러니 좌천당했다고 특별히 불행한 일도, 부끄러운 일도 아닙니다.

그래서 저는 자회사로 좌천됐을 때 나 역시 다수파였다는 것을 알았을 뿐, 딱히 불행하다는 생각은 들지 않았습니다. 오히려

인생의 문장들

운이 좋아서 그때까지 출세가도를 달릴 수 있었던 것이니까요.

이런 이야기를 하면 가끔 "달관하셨군요"라는 반응이 돌아옵니다. 저라는 인간이 특별히 제대로 되어서도, 달관해서도 아닙니다. 역사를 알면 세상의 실체가 보이지요. 그러니 평생 출세한다는 이뤄질 수 없는 환상과 현실의 어긋남 사이에서 괴로워하지 않아도 됐던 것뿐입니다.

르네상스 초기 이탈리아의 대시인, 단테Dante Alighieri는 서사시 《신곡·지옥편Divina Commedia·Inferno》에 이런 문장을 썼습니다.

"이 문으로 들어서는 자, 모든 희망을 버려라."

이 문장은 대학에 입학하고 어느 건물의 벽보에서 처음 봤습니다. 당시는 1960년대 후반으로 학생 운동이 최고조에 달했던 시절입니다. 그때의 기억을 더듬어보자면, 입학한 지 얼마 안 됐던 저는 이 문장을 보는 순간 간담이 서늘해졌습니다. 엄청 무서운 곳에 왔구나 싶었지요. 고등학생 때까지는 시골에서 유유자적 생활했으니까요.

하지만 세상의 진짜 모습이란 바로 그런 게 아닐까요. 인간과 인간이 만든 사회에 대한 순진한 기대는 버리는 게 좋습니다. 단테가 말한 '희망'을 '환상'으로 바꿔도 무난할 것입니다.

단테의 문장을 떠올릴 때마다 '인생을, 세상을 있는 그대로 보라'라는 말이 들리는 듯합니다. 세상을 있는 그대로 보기 위해서 빠뜨릴 수 없는 것이 지식입니다. 계속해서 배워야만 편견에서 멀어질 수 있고 세상의 진짜 모습을 허심탄회하게 마주할 수 있습니다.

참고로 단테 역시 좌천당한 인간이었습니다. 단테는 경쟁에서 패배한 뒤 피렌체에서 영구 추방됩니다. 그 후 전국 각지를 방랑하면서 써내려간 것이《신곡》입니다.《신곡》은 지옥편, 연옥편, 천국편 3부로 구성되어 있는데 그중 제가 가장 좋아하는 부분은 지옥편입니다. 인간과 사회의 모습이 적나라하게 나오기 때문입니다.

다시 말해서 너무나 인간적입니다. 단테는 지옥편에서 자신을 쫓아낸 사람들 전부를 지옥으로 떨어뜨립니다. 인간 내면의 독, 즉 원한과 괴로움을 작품 속에 토해낸 것입니다. 그런 인간의 면면이 숨김없이 드러나 있어서 지옥편이 가장 재미있습니다.

우연을 붙잡아야
하는 이유

모든 참된 삶은 만남이다.

-마르틴 부버, 《나와 너·대화》

이 세계는 우연의 산물입니다. 우리 한 사람 한 사람의 인생도 여러 우연이 겹쳐서 만들어진다고 할 수 있습니다. 역사를 알수록 우연이야말로 세상의 진짜 모습이라는 확신을 갖게 됩니다. 우리 인류, 호모사피엔스가 지금까지 살아남은 것도 우연이라는 설이 있습니다.

고고학자 클라이브 핀레이슨Clive Finlayson은 저서《그리고 최후에 사람이 남았다The Humans Who Went Extinct》에서 네안데르탈인이 멸종하고 호모사피엔스가 살아남은 이유로 적응력과 운을 꼽습니다. 체격이 건장해서 숲에서 대형 동물을 수렵하는 데 적합했던 네안데르탈인은 지구의 한랭건조화로 산림이 줄고 평원이 넓어지기 시작하자 서서히 살아갈 장소를 잃고 맙니다.

반면 몸이 유연하고 지구력이 강했던 호모사피엔스는 평원 수렵에도 비교적 잘 적응했습니다. 즉, 우연히 평원이 넓어지기 시작하던 무렵, 우연히 평원에 적응 가능한 신체를 가지고 있었던 호모사피엔스는 살아남을 수 있었던 것이죠. 운이 좋았던 셈입니다. 반대로 네안데르탈인이 절멸한 것은 운이 나빴기 때문이라고 할 수 있습니다.

운이 좋다는 의미는 핀레이슨이 지적한 대로 "적절한 때에 적절한 곳에 존재하는 것"입니다. 이 세상이 우연의 산물이라는 것을 새삼 깨닫습니다.

사람의 인생이 어떻게 굴러갈지는 누구도 알 수 없습니다. 저 역시 55세에 건물 관리 자회사로 옮겨야 했을 때는 두 번 다시 생명보험의 세계로 돌아갈 일은 없을 거라 생각했습니다.

그래서 생명보험 업계를 짊어질 젊은 세대에게 유서를 남기고자 《생명보험입문生命保険入門》이라는 책을 출간했던 것입니다.

그런데 저의 생명보험 인생은 거기서 끝나지 않았습니다. 그로부터 4년 뒤인 2008년 5월에 라이프넷생명을 창업한 것입니다. 이 또한 우연의 산물입니다. 저는 이미 업의 유서까지 써놓았을 만큼 생명보험 업계에서 은퇴했다는 심정이었고 창업할

인생의 문장들

생각은 꿈에도 하지 않았습니다.

그러나 인생은 정말 요지경입니다. 2006년 오랜 친구의 전화를 받고 아스카에셋매니지먼트의 다니야 마모루를 만났는데, 그날 바로 밑바닥부터 시작해 생명보험 회사를 만들어보자고 의기투합한 것입니다.

어떤 순간에도 인생을 즐길 수 있는 말

마르틴 부버Martin Buber는 빈 출신의 유대계 종교 철학자입니다. 젊은 시절에는 유대인의 팔레스타인 복귀 운동인 시오니즘에 참여했고, 운동에서 멀어진 이후에는 연구에 몰두하며 프랑크푸르트대학교 교수로 비교종교학 등을 가르쳤습니다. 유대계였기 때문에 나치가 대두한 이후로는 공식적인 활동을 일체 금지당하고 1938년 팔레스타인으로 이주했습니다. 그러다 히브리대학교에서 교편을 잡았고 그곳에서 생을 마감했습니다.

부버의 사상은 자신이라는 존재를 눈앞의 현실과의 관계 안에서 규정하는 것입니다. '나는 누구인가?'라는 물음에 답을 찾을 때 자기 내면만을 바라보지 않고 주변과의 관계 안에서 자신을 찾아가는 것입니다.

부버는 한마디로 관계성을 중시한 철학자입니다. 그의 사상에는 그가 젊은 시절에 경도됐던 유대교 신비주의, 하시디즘의 영향이 짙게 배어 있는 듯합니다. 그런 부버가 대표작《나와 너·대화Ich und Du · Zweitsprache》에 이런 문장을 적어놓았습니다. "모든 참된 삶은 만남이다."

우리의 인생은 결국 처음부터 끝까지 만남이며 만남을 통해 인생이 변해간다는 의미입니다.

관계성을 중시했던 부버이기에 할 수 있는 말입니다. 인생은 부버의 말처럼 순간순간의 만남으로 변화를 거듭합니다. 그렇게 강물의 흐름에 몸을 맡기듯 살아가는 게 가장 괜찮은 선택입니다. 변화를 받아들이고 강물이 흐르는 대로 흘러가면서 사는 것이지요. 인간의 힘으로는 순간순간의 흐름을 바꾸기 어렵기 때문입니다.

그런 상황을 저는 종종 연날리기에 비유합니다.

"바람이 불지 않을 때는 연이 날지 않는다."

바람이 불지 않으면 아무리 필사적으로 뛰어도, 설사 엄청나게 잘 만든 고성능 연이라도 하늘을 날 수 없습니다. 반면에 좋은 바람이 불고 있다면 그다지 애쓰지 않아도 연은 훨훨 날아갈 것입니다.

인생도 마찬가지입니다. 바람이 불지 않을 때는 무엇을 해도 안 풀리지만 반대로 바람이 불기 시작하면 무엇을 해도 대체로 잘 풀립니다. 그러니 바람이 불지 않는 시기라는 생각이 들면 버

둥대며 저항하기보다는 담담하게 지내는 게 좋습니다.

다만 언제 바람이 불지는 누구도 알 수 없으므로 홀연 바람이 불면 전력을 다해 뛸 수 있도록 평소에 준비를 해두는 게 중요합니다. 어쩌면 오랫동안 바람이 불지 않을 수도 있습니다.

네안데르탈인의 절멸처럼 인생에는 그런 잔혹한 측면도 있습니다. 그렇다고 해도 인생에 아무런 희망도 가질 수 없다며 침울해하거나 암담한 기분에 빠지지는 말기 바랍니다. 설사 바람이 불지 않아도 나름대로 인생을 즐길 수 있으니까요.

그때는 시간이 충분하니까 여러 가지 다양한 일들을 해볼 수 있습니다. 반대로 바람이 불기 시작하면 할 일이 너무 많아서 그런 여유도 없어지거든요. 앞에서도 말했듯이 고전 명작은 많은 경우 작가가 불운했던 시기에 쓰였습니다. 하지만 별다른 빛을 보지 못하고 일생을 마친 사람도 많을 것입니다.

우리는 무의식중에 그런 인생이 불행하다고 생각하기 쉽습니다. 하지만 그것은 어디까지나 우리 멋대로의 해석일 뿐, 정작 본인은 나름대로 인생을 즐기지 않았을까요? 저는 그렇게 생각합니다.

희로애락이 모두 있어야
삶이 즐겁다

/

인간이 죽기 전까지 그를
'행운아'라고는 불러도 '행복한 사람'이라고
말하는 것은 삼가야 한다.

-헤로도토스, 《역사》

기원전 6세기경의 이야기입니다. 아테네의 솔론이 리디아의 왕, 크로이소스를 방문했습니다. 솔론은 재산의 많고 적음에 따라 시민의 권리와 의무를 정하는 재산정치를 실시한 아테네의 정치 개혁가입니다.

당시 크로이소스는 그리스의 도시들을 차례로 복속시켜 영토를 넓히고 막대한 부를 손에 넣은 상태였습니다. 아마도 자신이야말로 세상에서 가장 행복한 인간이라고 생각했을 겁니다. 리디아는 세계 최초로 금속 화폐를 주조했을 정도로 부유한 나라였으니까요.

크로이소스가 솔론에게 물었습니다.

"그대가 만나본 사람 중에 가장 행복한 사람은 누구인가?"

물론 크로이소스가 기대한 대답은 "당신입니다"였습니다.

그런데 솔론은 그렇게 대답하지 않았습니다. 솔론이 거론한 첫 번째 인물은 텔로스였고 두 번째는 클레오비스와 비톤 형제였습니다. 이유는 훌륭한 죽음을 맞이한 사람들이기 때문이었습니다.

그 대답을 듣고 크로이소스는 아주 불만스러웠습니다. 누구보다 부자이면서 유명한 자신이 이름도 없고 재산도 없는 사람들보다 덜 행복하다는 말이었으니까요.

그래서 솔론에게 끈질기게 물었습니다.

"나의 행복은 아무런 가치도 없다고 생각하는가?"

그에 대한 솔론의 대답은 이러했습니다.

"인간의 일생은 단 하루도 똑같은 일이 일어나지 않으며 그 생애는 전부 우연입니다. 지금 운이 좋다고 해서 평생 이어지리란 보장이 없지요. 그 사람이 행복한지 어떤지는 그 끝을 보기 전까진 알 수 없습니다. 그러므로 인간이 죽기 전까지 그를 '행운의 사람'이라고는 불러도 '행복한 사람'이라고 말하는 것은 삼가야 합니다."

지금은 크로이소스가 운이 좋을진 몰라도 행복하다고는 말할 수 없다는 것이었습니다. 그리고 솔론이 보기에 행복한 사람이란 훌륭한 죽음을 맞이한 사람이었습니다.

실제로 그 후 크로이소스는 행운의 여신으로부터 버림을 받습니다. 사랑하는 자식을 잃고 페르시아와의 전쟁에서 패배해 나라까지 잃고 말지요. 그리고 극형에 처해지는 순간, 그 옛날 솔론이 했던 말의 의미를 드디어 깨닫습니다. 죽는 순간까지 그 누구도 행복하다고 이야기할 수 없다는 말의 의미를 말이죠.

이것은 고대 그리스의 역사가 헤로도토스Herodotos가 기술한 《역사Historia》에 나오는 이야기입니다. 솔론과 크로이소스의 대화는 행복문답으로 알려져 있습니다.

인생을 즐기기 위한 팁

인간의 행복은 죽을 때까지 알 수 없습니다. 그것이 인생의 진실이라고 생각합니다. 죽는 그 순간에 '아, 괜찮은 인생이었다'라고 생각할 수 있다면 가장 좋겠지요. 괜찮은 인생이 구체적으로 어떤 것인지, 그거야말로 개개인의 인생관이나 가치관에 따라 다를 것입니다.

다만 제가 생각할 때 '인생을 즐기는 자세'는 모든 사람이 생각하는 괜찮은 인생의 요건에 공통적으로 들어가지 않을까 싶습니다. 이미 끝나버린 과거의 일로 괴로워하거나 남을 원망하고 질투하고 증오하느라 가슴에 응어리가 맺히거나 오랫동안 슬픔을 붙들고 우울해하거나…… 매일 그렇게 지내면 인생이 결코 즐겁지 않습니다. 모처럼 주어진 인생을 낭비하는 거나 다름없지요.

그러고 보니 유명 시사 블로거인 치키린ちきりん이 자신의 책 《다안사고多眼思考》에 쓴 명언이 있었네요.

"불평하고 질투하고 좋은 평가를 바라는 것. 인생을 허비하고 싶다면 부디 이 세 가지 일을 하시길."

그럴 시간이 있으면 오늘 밤엔 어떤 맛있는 걸 먹어볼까, 어떤 맛있는 술을 마셔볼까, 어떤 재미난 책을 읽어볼까 하고 설레는 기분으로 하루하루를 보내는 편이 훨씬 즐거울 거라고 생각합니다.

인생을 즐기는 것에 대해 얼마 전 고개가 끄덕여지는 한마디를 만났습니다. 셰익스피어 번역가로 알려진 오다시마 유시小田島雄志가 일본경제신문과의 인터뷰에서 한 말입니다.

"인생의 즐거움은 희로애락의 총량이다."

보통의 감각으로 말하면 즐거운 일이나 기쁜 일이 많은 건 좋지만 슬픈 일이나 괴로운 일은 가능한 한 적은 게 좋겠죠. 그렇게 생각하기가 쉽습니다. 플러스 감정은 OK, 마이너스 감정은 NG. 하지만 그런 인생은 따분하고 밋밋할 수 있습니다.

오다시마의 말처럼 역시 인생에는 기쁨과 즐거움도 있으면 노여움과 슬픔도 있는 편이 좋습니다. 데굴데굴 구를 만큼 큰 소리로 웃거나 화를 내거나 슬퍼하거나 기뻐하는, 희로애락으로 가득한 인생이 훨씬 더 재미있습니다. 그런 희로애락이 많은 추억과 더불어 인생을 훨씬 풍성하게 만들어줍니다.

기쁜 일로 더해진 100이 슬픈 일 100으로 지워지지는 않지요. 오히려 절댓값으로 더해져 200이 됩니다. 그렇기 때문에라도 마냥 고민하기보다는, 오늘은 뭔가 재미난 일을 한 가지 해보자 하고 행동으로 나서는 편이 좋습니다.

오늘 내가 행복한지 불행한지는, 극단적으로 말하자면 아무래도 상관없는 일입니다. 그런 것들을 일일이 따져 묻지 말고 매일매일 즐겁게 지내는 겁니다. 저 역시 언제 올지 모를 죽음이라는 마침표를 향해 그렇게 나날이 살아가고자 마음먹고 있습니다.

인생의 문장들

잘 웃고 잘 자면
고민의 70퍼센트가 해결된다

너희 인간은 어차피 가련한 것들이지만
실로 강력한 무기 하나는 갖고 있지.
바로 웃음이야.

-마크 트웨인, 《불가사의한 이방인》

《톰 소여의 모험 The Adventures of Tom Sawyer》으로 알려진 미국의 작가 마크 트웨인 Mark Twain 은 말년에 《불가사의한 이방인 The Mysterious Stranger》이라는, 아주 불가사의한 작품을 썼습니다.

이 작품은 일반적으로 생각하는 마크 트웨인의 이미지와는 크게 다릅니다. 마크 트웨인 하면 유머로 가득한 낙천적인 작풍이 우선 떠오르는데 이 작품은 한없이 어둡고 우울증에 걸릴 것처럼 절망적입니다. 다만, 이 절망적인 작품에서조차 작가는 "웃음이야말로 인간이 지닌 유일하고 강력한 무기"라고 말하고 있습니다. 정곡을 찌르는 말이라고 생각합니다.

《불가사의한 이방인》의 주인공은 사탄이란 이름의 소년입니다.

불가사의한 힘을 가진 사탄은 새롭게 친해진 마을 소년 세 명을 불가사의한 세계로 유인합니다. 그곳에서 소년들은 인간의 어리석음과 잔혹성, 무력함을 마주하는데요. 작품 속에선 오로지 사탄을 통해 경험하는 인간의 비참한 모습만 그려집니다.

이 작품엔 불행으로 점철된 마크 트웨인의 말년의 인생관이 배어 있을지도 모릅니다. 마크 트웨인은 투자한 기업이 파산하는 바람에 거액의 부채를 짊어지고 그걸 갚기 위해 끊임없이 강연을 다닙니다. 기진맥진해진 그에게 마지막 한 방을 먹이듯 큰딸이 죽고 아내와 셋째 딸까지 연이어 병에 걸리고 맙니다.

그런 고달픈 인생살이에도, 아니 그렇기 때문에 그는 더더욱 웃음의 힘을 인정합니다. 그리고 철저하게 인간을 부정하고 끝없이 조롱하는 주인공 사탄의 입을 통해서 "웃음은 인간이 가진 유일한 무기다"라고 말합니다. 마크 트웨인의 인생을 알면 알수록 이 말이 가진 의미가 더욱 와 닿습니다.

역사를 살펴봐도 사람들은 웃음이 가진 엄청난 힘을 쭉 인정해왔습니다. 그리고 때로는 웃음의 힘에 위협을 느끼고 막으려는 세력도 있었습니다. 종교가 좋은 예입니다. 저의 졸저《일에 도움이 되는 교양 세계사仕事に効く教養としての「世界史」》에도 적었지만, 원래 종교는 가난한 자들을 위한 아편입니다. 불행한 사람들의

인생의 문장들

마음을 위로하기 위한 것입니다. "이 세상은 괴로움으로 가득하지만 신을 믿으면 저 세상에선 구원받을 수 있다"라고 가르치면서 현재의 괴로움을 받아들이라고 합니다.

그렇기 때문에 종교는 세상이 극한 상태로 치달을수록 더 왕성하게 발전합니다. 역사적으로도 세상이 혼란스러울 때마다 종교는 더욱 성대하게 부흥했습니다. 그런 종교를 대신할 수 있는 힘이 웃음입니다. 웃으면 후련해집니다. 후련해지면 종교에 의지할 필요도 없어집니다.

그래서 종교 지도자들이 웃음을 막으려고 하는 것입니다.

이탈리아의 대학자, 움베르토 에코Umberto Eco의 《장미의 이름 Il nome della rosa》에 바로 그런 상황이 나옵니다. 이 소설은 30년쯤 전에 영화화되기도 했지요.

소설의 무대는 중세 시대 이탈리아의 어느 수도원입니다. 수도사들은 아리스토텔레스가 썼다고 알려진 《웃음의 책》을 필사적으로 감추려 하고, 그 일이 원인이 되어 어떤 괴기한 사건이 벌어집니다. 참고로 《웃음의 책》은 가공의 책으로 실존하지 않습니다. 왜 수도사들은 《웃음의 책》을 필사적으로 숨겼을까요. 그 이유는 웃음에 엄청난 힘이 있다는 인식이 세상에 퍼지면 사람들이 기독교를 그다지 열심히 믿지 않게 돼서입니다.

《웃음의 책》을 감추는 게 거짓말 같은 이야기라고 생각할지 모르지만, 실은 우리 주변에서 종종 일어나는 일이기도 합니다.

특히 일을 할 때나 공적인 자리에서는 무조건 진지해야 존경받을 수 있고 웃음, 해학, 장난 같은 유희는 터부시됩니다. 그러나 모든 혁신의 바탕이 되는 것이 실은 이런 유희의 마음입니다.

반대로 이마에 핏대를 세우고 진지하지 않으면 안 된다는 경직된 자세로 접근하면 일이 잘 풀릴 수 없습니다. 시야가 좁아지고 판에 박힌 고지식한 발상밖에 할 수 없습니다.

좋은 예가 동일본대지진 당시 일본 총리의 대응입니다. 그때 총리는 관저 소파에서 쪽잠을 자며 마시지도 먹지도 않고 열심히 현장을 진두지휘했습니다. 그 사실을 알고 나서 저는 조금 힘들겠다는 생각이 들었습니다.

비상사태일수록 리더는 잠을 푹 자고 잘 먹으면서 건강한 심신을 유지해야 합니다. 그렇지 않으면 정확한 판단을 내릴 수 없습니다. 그런데 그는 정반대로 행동했던 것입니다. 모두들 열심히 노력하고 있으니 나도 열심히 해야 한다고 생각했을지 모르지만 정반대의 발상을 한 것입니다.

수면이 부족한 상태에서 식사도 제대로 하지 않으면 안절부절못하고 쉽게 화를 내고 판단력도 흐려지기 십상입니다. 그런 상태에서 국가를 좌지우지하는 결단을 내리려고 했다고 생각하면 무섭습니다.

일을 할 때나 사적으로나 심각해지지 않는 게 좋습니다. 우울한 일이 있을 땐 친한 친구나 사랑하는 사람과 맛있는 것도 먹고 큰 소리로 웃고 나서 푹 자고 일어나면 고민거리의 70퍼센트 정도는 해소할 수 있습니다.

강연회 같은 곳에서 "우울한 일이 생겼을 때 어떻게 지내면 좋을지 조언해주세요"라는 질문이 나오면 저는 언제나 이렇게 대답합니다. 그러면 질문자가 "진지하게 질문하는 겁니다"라고 대꾸하기도 합니다. 그런데 이게 저의 진지한 대답입니다.

어쩌면 질문하신 분은 "○○ 책을 읽으면 기운을 차릴 수 있습니다"와 같이 구체적이고 점잖은 해결책을 기대했을지 모르겠습니다. 하지만 지친 상태에선 책조차 읽을 수 없습니다. 책을 읽는 데도 체력이 필요한 법이지요. 그보다는 많이 먹고 크게 웃고 푹 자는 편이 좋습니다. 그렇게 해서 몸과 마음이 개운해지면 다음날 다시 원점에서부터 열심히 일하는 것입니다.

너무 진지하게 생각하는 것이 불행의 원천입니다.

양자택일에서
후회하지 않는 법

지나간 불행을 한탄하는 것은
새로운 불행을 불러들이는 지름길이다.

-윌리엄 셰익스피어, 《오셀로》

'그때 그렇게 했더라면 내 인생이 더 나아졌을지도 몰라.' '그때 그런 말을 하지 않았다면 좌천당하는 일도 없었을 텐데.'

이렇게 과거를 후회하면서 끝없이 불평하는 사람들이 있습니다. 인간은 다른 동물에 비해 대뇌가 많이 발달한 덕분에 고도의 기억력을 갖게 되었습니다. 그래서 어떤 기억은 잊고 싶어도 잘 잊히지 않습니다. 그랬더라면, 저랬더라면 하는 말이 자기도 모르는 사이에 새어 나오곤 합니다.

그러나 이런 푸념은 멈추는 게 좋습니다. 셰익스피어William Shakespeare의 4대 비극 가운데 하나인 《오셀로Othello》에는 다음과 같은 대사가 나옵니다.

"지나간 불행을 한탄하는 것은 새로운 불행을 불러들이는 지름길이오."

《오셀로》의 내용을 아는 사람도 많을 텐데 간단하게 이야기하자면, 가신家臣인 이아고의 모략으로 아내인 데스데모나가 바람을 피운다고 의심하기 시작한 주인공 오셀로가 질투심에 사로잡힌 나머지 아내를 죽이고 마는데 그게 오해였다는 걸 알고 좌절해서 스스로 목숨을 끊는다는 이야기입니다.

위 대사는 이야기 앞부분에서 베니스의 공작이 데스데모나의 아버지, 브라반쇼에게 하는 말입니다. 브라반쇼는 오셀로를 집으로 초대해 딸과 만나게 한 것을 후회하고 오셀로와 딸의 결혼을 반대합니다. 공작은 그런 브라반쇼에게 후회할수록 더 큰 불행이 온다고 경고하지요. 정말이지 정확한 표현입니다.

과거에 저지른 일이나 하지 않은 일을 후회해봤자 울적해지기만 할 뿐입니다. 아무리 후회해도 과거로 돌아갈 수 없습니다. 우물쭈물하면서 고민하는 사이에 소중한 시간은 점점 사라집니다.

사라지는 것은 시간만이 아닐지 모릅니다. 소중한 친구들까지 잃어버릴 수 있습니다. 그랬더라면 또는 저랬더라면 하면서 푸념만 늘어놓으면 듣는 사람도 지칩니다. 점점 주변에 함께할 사람도 줄어들 수 있습니다. 지나간 일을 가지고 끙끙대는 것만큼 인생을 낭비하는 일은 없습니다.

대구를 좋아하면 어물전에 가라
간을 좋아하면 정육점에 가라

나이를 먹는다는 것은 가능성을 버려가는 것입니다. 저도 고희가 지나고 그 사실을 실감하고 있습니다. 제가 창업한 라이프넷생명에는 운동부가 13개 있었습니다. 어느 날 저는 왕년의 실력을 떠올리면서 육상부에 들어가려고 했습니다. 그러자 한 젊은 직원이 말도 안 되는 생각이라며 극구 말리더군요.

당시 60대 중반을 지났던 제가 젊은 사람들과 함께 달렸다면 자주 넘어졌을 것입니다. 골절상이라도 입으면 쉽게 회복되지도 않았겠지요. 20대나 30대 때와는 몸이 확실히 다르니까요. 무엇보다 제가 할 일은 라이프넷생명을 잘 경영하는 것이지, 달리기가 아니었던 겁니다. 저는 "그 말이 맞다"라고 수긍하고 육상부에 들어가는 건 포기했습니다.

이처럼 나이를 먹을수록 할 수 있는 일이 제한됩니다. 젊을 때처럼 저것도 할 수 있고 이것도 할 수 있다는 마음으로 지낼 수 없습니다. 그러나 그 사실은 결코 슬퍼할 일이 아니며 오히려 환영할 일이라고 생각합니다. 할 수 있는 일이 줄어들수록 현실

인생의 문장들

이 더욱 또렷하게 보이기 때문입니다. 더 정확하게 말하면 지금 내가 무엇을 해야 하는지가 좀 더 명확해집니다.

여러 가지 가능성이 많으면 인간은 꿈을 꾸고 싶어집니다. 일이든 결혼이든 자신에게 좀 더 잘 맞는 상대가 분명 따로 있을 거라 믿고 계속해서 방황하기 십상이지요.

중국 만당 시대晩唐時代(당나라 말기 70여 년간-옮긴이)에 활동했던 이상은李商隱이라는 시인이 있습니다. 정치 싸움에 휘말려 결국 하급관리로 각지를 떠돌다 일생을 마친 인물입니다.

한번은 이상은이 여행을 하다 두 갈래 길 앞에서 하염없이 울었습니다. 지나가던 사람이 "여행 중이신 분이 왜 울고 있습니까?"라고 묻자 이상은은 이렇게 대답했습니다. "눈앞에 두 갈래 길이 있습니다. 앞으로 나아가기 위해서는 어느 한쪽을 택해야 합니다. 어느 한쪽을 선택한다는 건 나머지 한쪽을 버리는 것이지요. 한쪽 길로 가면 다른 한쪽 길은 평생 걸을 수 없습니다. 그 사실이 슬퍼서 울고 있는 겁니다."

인생도 똑같습니다. A와 B를 놓고 방황하다가 A라는 선택을 하면 B를 선택했을 때의 인생은 사라집니다. 나중에 'B를 선택했다면……' 하고 미련을 두는 건 있을 수 없는 세계를 꿈꾸는 것과 같습니다.

젊은 시절부터 제가 입버릇처럼 하는 말이 있습니다.

"대구たら(어류 '대구'와 '했다면'이라는 뜻이 있다-옮긴이)를 좋아하면 어물전에 가면 된다. 간んば('간'과 '였다면'이라는 뜻이 있다-옮긴이)을 좋아하면 정육점에 가면 된다."

대구든 간이든 배불리 먹으면 충분한 것처럼, 푸념도 한입 가득 삼켜버린 다음 뒤돌아보지 않는 게 가장 좋습니다. 그런데도 B라는 선택지를 도저히 포기할 수 없을 때는 다시 도전하면 됩니다.

사람은 무슨 일이든 3년을 계속하면 나름의 실력을 쌓을 수 있다고 합니다. 이제 나이가 있으니 아무것도 할 수 없다며 고민하는 건 그 시간만큼 낭비지요. 하고 싶었다고 나중에 후회하느니 무슨 일이든 지금 당장 시작하는 게 좋습니다. 내일로 미루면 또 하루, 나이만 먹을 뿐입니다. 지금의 당신이 가장 젊으니까요.

인생에 뒤통수를
맞지 않으려면

참을성이 강한 것은 좋은 품성인데
승승장구할 때 그럴 수 있다면 더욱 좋다.

-니잠 알물크, 《통치의 서》

우리가 살고 있는 지구는 약 45억 7천만 년 전에 탄생한 별입니다. 지구의 역사를 1년으로 단축해서 볼 때, 12월 20일부터 12월 26일까지에 해당하는 백악기는 직경 10킬로미터에 달하는 거대한 운석이 유카탄반도와 충돌하면서 갑작스레 끝나고 말았습니다. 백악기는 인류에게 석탄과 시멘트, 석유 등의 자원을 가져다준 시기이기도 하지요. 그렇게 지구를 주인처럼 활보하던 공룡은 한순간에 사라지고 말았습니다.

또 과거 천 년 동안 거대한 화산 분화는 100년에 한 번 있을까 말까 했지만, 1억 2천만 년 전에는 자바 고원의 대분화로 인해 100만 년에 걸쳐 마그마가 계속 흘러넘쳤습니다. 이런 대규모 천재지변이 일어난다면 인간의 문명 따윈 한 줌도 남지 않을 것입니다.

원래 인간이 살고 있는 지구 자체가 크기로 보나 수명으로 보나 찌개 위에 떠오르는 거품 같은 존재에 불과하다는 이야기도 들은 적이 있습니다. 그 사실을 감안하면 인간으로서 기본은 자신의 처지를 아는 것입니다.

내 분수를 안다는 것

니잠 알물크Nizām al-Mulk는 투르크멘계 이슬람 왕조인 셀주크 왕조의 대재상으로 1038년부터 1194년까지의 황금기를 짊어진 인물입니다. 2대 술탄 알프 아르슬란과 3대 술탄 말리크샤 아래에서 행정과 군사를 정비하고 셀주크 왕조의 통치 체제의 기초를 닦았습니다. 문화와 학문 보호에도 힘써서 이슬람교 수니파를 연구하는 니자미야 학원을 각지에 설립하기도 했습니다.

니잠은 뛰어난 군인이기도 했는데 영토 확장에 진력했던 알프 아르슬란 집권기에는 1071년 동로마 황제를 포로로 잡고 대승리를 거둔 만지케르트 전투를 비롯해 다수의 원정에 참가했습니다. 그야말로 문무양도를 실천에 옮긴 인물이었지요.

그의 저서 《통치의 서Siyāsat-nāmeh》는 역사적 사실이나 세상에 전해오는 다양한 일화와 이상적인 군주의 모습에 대해 서술한 책입니다. 제왕학의 교과서이자 페르시아 산문학의 걸작으로 평가받으며 이슬람권에서 오래 읽혀온 고전입니다.

그 책 속에 "참을성이 강한 것은 좋은 품성인데 승승장구할 때 그럴 수 있다면 더욱 좋다"라는 격언이 있습니다. 인간은 대자연 앞에서뿐 아니라 같은 인간 앞에서도 오만해지기 쉬운 동물입니다. 순풍만선順風滿船, 즉 일이 잘 풀릴 땐 더더욱 그러기 쉽습니다. 니잠은 인간의 그런 성향을 예리하게 간파하고 잘나갈 때일수록 분수를 알고 겸허해져야 한다고 말합니다.

21세기 들어 인공지능이 등장하는 등 인간 문명은 진보를 멈출 줄 모르고 생활도 나날이 편리해지고 있습니다. 이런 환경에서 인간은 자신도 모르는 사이에 대자연은 물론 인간 사회까지 오만한 시선으로 바라보기 쉽습니다. 과학 문명이 발달할수록 인간은 겸허해져야 하며 늘 자기 분수를 의식하면서 살아가야 합니다. 저는 그런 생각을 할 때마다 니잠의 격언이 떠오릅니다.

참고로 《통치의 서》에는 이슬람교도가 아닌 사산 왕조의 영웅 호스로 1세(사산 왕조 최고 전성기를 이끈 명군-옮긴이)나 가즈나 왕조의 마흐무드(술탄 칭호를 받은 최초의 왕-옮긴이) 등이 공정한 군주 또는 이상적인 군주로 나옵니다. 명재상 니잠의 열린 식견을 엿볼 수 있어서 무척 많은 공부가 됐습니다.

2장

관
계
의
지
혜

누구나 조금은 선량하고
조금은 교활하다

이 세상 만물의 경이로움을 보라.
하지만 만물 가운데 인간만큼
경이로운 존재가 또 있으랴!

-소포클레스, 《안티고네》

인간만큼 불가해한 존재가 없습니다. 그렇게 느낄 때 없으신가요? 저는 언제나 진심으로 그렇게 느낍니다. 직접적인 이해관계가 걸려 있지 않는 한 사람들은 대체로 방긋방긋 미소를 보이며 상대를 편하게 대합니다. 모두 좋은 사람들뿐이지요.

그러나 일단 이해관계가 발생하면 상황은 급변합니다. 기업 내에서 상사와 부하라는 상하관계에 놓이거나, 영업부와 경리부 등 이해관계가 일치하지 않는 사이가 되면 상대의 교활함이나 비열함 같은 부분이 종종 눈에 들어옵니다. 그리고 평소엔 '당신 편이에요'라는 얼굴을 하고 있어도 자기 신상에 위험이 닥

치면 손바닥 뒤집듯 아무렇지 않게 배신하는 사람도 이 세상엔 무수히 많습니다.

인간은 그때그때 관계에 따라 좋은 사람이 되기도 하고 나쁜 사람이 되기도 합니다. 그런 인간의 모습을 저는 접선사고接線思考라고 부릅니다. 원에 그은 두 접선은 원의 위치를 조금만 바꿔도 각도가 크게 달라집니다. 말 그대로 그와 비슷한 일이 인간관계에서 벌어집니다. 접선사고는 인간관계의 그런 면을 빗대어 만든 말입니다.

눈앞의 상황이나 관계에 따라 인간은 백으로든 흑으로든 순식간에 바뀔 수 있습니다. 이런 경향은 집단일 때 더욱 심해집니다. 인간은 자신도 모르는 사이에 집단 사고에 점점 빨려 들어갑니다. 인간은 그만큼 요령부득인 존재라는 것이 저의 인간관입니다.

그렇게 생각하는 것은 현대를 살아가는 저뿐만이 아닌 듯합니다. 고대 그리스의 3대 비극 시인 중 한 사람인 소포클레스Sophocles는 《안티고네Antigone》라는 작품 속에 이런 대사를 남겼습니다.

"이 세상 만물의 경이로움을 보라. 하지만 만물 가운데 인간만큼 경이로운 존재가 또 있으랴!"

《안티고네》는 오이디푸스 왕의 딸, 안티고네의 비극을 그린 이야기입니다. 오이디푸스는 친아버지인 줄 모르고 아버지를 죽이고 친어머니인 줄 모르고 어머니와 결혼합니다. 프로이트가 만든 '오이디푸스 콤플렉스'라는 단어의 주인공이죠. 훗날 그 사실을 안 오이디푸스는 자신의 운명을 저주하여 스스로 눈을 멀게 하고 방랑길에 오릅니다.

그러자 안티고네의 두 오빠는 왕위 쟁탈전을 벌입니다. 서로를 찌르고 죽입니다. 싸움에서 승리해 왕위를 차지한 오빠가 죽은 오빠의 장례를 엄격히 금지하자 그 일에 분노한 안티고네는 금지령을 어기고 오빠를 땅에 묻어줍니다. 하지만 파수꾼에게 발각되어 왕에게 끌려가게 됩니다. 이처럼 두려움을 모르는 안티고네의 대담무쌍한 행동을 칭송한 것이 위의 대사입니다.

소포클레스가 살았던 시대는 기원전 5세기로 지금으로부터 2,500년쯤 전입니다. 인간의 뇌는 1만 3천 년 전에 일어난 가축의 사육화 이래 거의 진화하지 않은 것으로 알려져 있습니다. 그렇지만 인간이라는 존재는 여전히 불가사의하고, 더 나아가 인간관계는 예나 지금이나 다를 바 없이 어려운 듯합니다.

결국 이 세상에는 엄청난 현자도, 엄청난 바보도 사실은 없는 것 아닐까요. 그리고 엄청난 악인도, 엄청난 선인도 사실은 존재하지 않을지도 모릅니다. 모두 비슷비슷하게 현명하고, 비슷비슷하게 어리석고, 비슷비슷하게 선량하고, 비슷비슷하게 교활합니다. 요약하자면 모두 거기서 거기입니다.

그렇기 때문에 인간관계에서 어떤 사람을 두고 좋은 사람 또는 나쁜 사람이라고 단순하게 선을 그어버리면 나중에 호되게

당할 수 있습니다.

어려울 때 친구가 진짜 친구

무엇보다 인간관계에서 결코 잊어선 안 되는 것이, 기본적으로 사람과 사람은 이해관계로 이어진다는 점입니다. 인간은 무언가 득이 될 때 상대와 관계를 맺습니다. 이 점을 명심할 필요가 있습니다.

물론 세상에는 자신의 이해와 상관없이 움직이는 훌륭한 사람도 있습니다. 예컨대 중국 전한 시대의 인물, 사마천司馬遷이 좋은 예입니다.

이능李陵이라는 무장이 흉노족 토벌에 실패하고 적에게 인질로 잡혀서 한 무제의 노여움을 샀을 때 그를 궁정에서 유일하게 변호한 이가 사마천이었습니다. 사마천은 이능과 딱히 인연이 있었던 건 아니지만 그의 용맹무쌍함은 잘 알고 있었습니다. 그렇기 때문에 전투에 임하는 이능의 자세를 칭찬하면서 그가 책임지고 자결하지 않은 데에는 나름의 이유가 있었을 거라며 이능을 옹호했습니다. 그런데 그 일로 사마천 역시 무제의 노여움을 사서 결국 생식기가 잘리는 극형에 처해집니다.

사마천의 용기는 감탄할 만합니다.

사마천은 권력에 영합하지 않고 자신이 옳다고 믿는 것을 끝까지 고수했습니다. 더욱이 그때의 분노로 고대 중국 최고의 역사서인《사기史記》를 완성했다는 후일담도 전해집니다.

그렇다고 해도 사마천 같은 근성을 가진 사람은 동서고금을 통틀어 거의 없습니다. 대다수 사람들은 권력자가 "저놈은 나쁘다"라고 말하면 "맞습니다"라며 동조합니다.

인간에겐 자기 자신과 자기 신변이 무엇보다 소중합니다. 내 몸, 나의 가족을 지키기 위해서라면 지인이든 누구든 아무렇지 않게 배신할 수 있는 것이 대다수 인간입니다. 그 점을 우리는 확실히 인식하고 있어야 합니다.

그렇지 않으면 어려울 때 친구가 도와줄 거라는 일어나지 않을 착각에 빠지기 쉽습니다. 그러다 막상 배신이나 사기를 당하면 "어떻게 이런 심한 일을……" 하면서 충격에 빠집니다.

극단적으로 말하자면, 정말로 힘들 때 도와주는 사람이 거의 없다고 생각할 때 인간관계가 편합니다. 인생을 살아가기도 더 수월합니다.

영어 격언에 "어려울 때 친구가 진짜 친구"라는 말이 있는데, 그런 친구를 만나는 것은 극히 드문 일입니다. 만에 하나 어려울 때 곁에 있어주는 친구를 만난다면 대단한 행운임을 알고 순수한 마음으로 기뻐해야 합니다.

만남과 헤어짐을
반복하는 것이 인생

가는 사람 붙잡지 않고
오는 사람 막지 않는다.

-맹자, 《진심·하》

인간관계에서는 헤어짐이 기본이라고 생각합니다. 인생에서 만난 거의 모든 사람과 언젠가는 이별합니다. 그렇게 만남과 헤어짐을 반복하는 것이 인생 아닐까요. 인간관계는 끊임없이 변화합니다. 평생 이어지는 우정 같은 건 기본적으로 있을 수 없습니다. 만약 그런 친구가 있다면 운이 정말 좋다고 생각하는 편이 좋습니다.

이렇게 생각하는 저의 인간관계에 대한 기본 입장은 '가는 사람 붙잡지 않고 오는 사람 막지 않는다'입니다. 이것은 중국 춘추 시대의 유교 사상가, 맹자孟子가 한 말입니다.

맹자가 어느 객사에 묵었을 때의 일입니다. 객사 주인이 막 만들어놓은 짚신이 갑자기 사라졌습니다. 주인이 의심을 품고 "당신 제자가 한 짓이 아닙니까?"라고 추중하자 맹자는 "그럴지도 모르고 그렇지 않을지도 모르지요. 다만 나는 배움의 의지만 있다면 어떤 사람이든 제자로 삼습니다"라고 말하면서 이 문장을 언급합니다.

내 곁을 떠나가는 사람은 결코 붙잡지 않고 나와 인연을 맺고자 찾아오는 사람은 거절하지 않고 받아주는 것입니다. 인간은 태어날 때부터 선하다는 성선설을 주장한 맹자다운 발언입니다.

저는 맹자의 이 말에서 타인과 관계를 맺을 때의 기본자세를 배웠습니다. 어떤 사람들은 이 말에서 다른 사람을 높은 곳에서 내려다보는 듯한 오만한 뉘앙스가 느껴진다고 하는데 제 생각은 다릅니다.

오히려 그 반대입니다. 모든 인간관계의 결정권을 상대방의 마음에 맡겨두고 내 쪽에서 무리하게 강요하지 않는다는 겸허한 자세가 배어나는 듯합니다.

원래 생각대로 안 되는 것이 인간관계

일본생명에 다니던 시절의 이야기입니다. 매우 독특하고 우수한 부하 직원이 있었습니다. 장래가 촉망받는 인재로 중간에 미국 유학을 떠났는데 귀국하자마자 회사를 그만두겠다고 했습니다. 해외에 나가 넓은 세상을 보고 나니 생각이 크게 달라진 것이었겠죠.

당황한 것은 인사부였습니다. 저를 찾아와서 그를 붙잡아달라고 부탁했습니다. 무엇보다 그가 저를 존경하고 있으니 제가 나서서 남아 있으라고 하면 거절하지 않을 거라는 말이었습니다.

저는 진지하게 고민했습니다. 그를 억지로 붙잡으려면 어떤 조건이 필요할까 하고요. 고민 끝에 두 가지 조건이 필요하다는 걸 깨달았습니다. 하나는 내가 그보다 오래 사는 것. 또 하나는 내가 틀림없이 사장이 되는 것.

"나는 너보다 오래 살 것이니 너를 평생 보살펴줄 수 있다. 게다가 사장이 되는 것도 확실하니 절대 너에게 나쁜 일은 없을 것이다." 그렇게 잘라 말할 수 있다면 남아 있으라고 해도 되겠다고 생각한 것입니다.

그러나 저는 두 가지 조건을 모두 충족할 수 없었습니다. 우선 그보다 나이가 많습니다. 자연스럽게 생각하면 제가 먼저 죽을 확률이 높지요. 향후 제가 사장이 될지 안 될지도 전혀 알 수가 없었습니다.

결국 저는 그를 붙잡지 않았습니다. "그만둘 생각입니다"라고 인사하러 찾아온 그에게 "그래, 열심히 해보게"라고 말하고 보냈습니다. 인사과에는 본인의 의지가 확고했다고 전달하고 마무리 지었습니다. 그 후 그는 새로운 곳에서 큰 성공을 거뒀습니다.

떠나고 싶다는 사람을 억지로 붙들어둘 수 없습니다. 나에게 나의 인생이 있는 것처럼 상대에겐 상대의 인생이 있기 때문입니다. 상대의 일생을 책임지고 확실하게 돌봐줄 수 있다면 내 형편에 맞춰 붙잡을 수도 있겠지만 그런 일은 애당초 불가능합니다. 그렇다면 역시 상대의 의사를 존중하는 게 가장 좋습니다.

저의 이런 태도는 사람을 만날 때도 똑같습니다. 저를 만나고 싶다는 사람은 기본적으로 거절하지 않고 만납니다. 젊을 때부터 그래왔습니다. 종종 인맥이 넓다는 소리를 듣는데 그 이유는 찾아오는 사람을 거부하지 않고 모두 만나왔기 때문입니다.

인맥 형성의 비결을 알려달라는 질문을 받을 때도 많지만 비결이랄 게 전혀 없습니다. 인맥은 어디까지나 결과입니다. 인맥을 만들겠다고 의식하다 보면 결국 사람을 폭넓게 사귈 수 없습니다. 자기를 도와줄 장기판 위의 말처럼 인맥을 생각하는 사람과는 누구도 사귀고 싶어 하지 않습니다.

내 생각대로 안 되는 것이 인간관계입니다. 만남도 헤어짐도 우연의 요소가 매우 크게 작용하며 근본적으로 상대방의 마음을 내가 어떻게 할 수 없습니다. 그래서 저는 가는 사람 붙잡지 않고 오는 사람이 막지 않는다는 자세로 강물의 흐름에 몸을 맡기듯 지내려고 합니다.

인생은 헤어짐입니다. 그러고 보니 유명한 시가 있네요.

그대에게 이 술잔을 권하노니

넘치는 잔이라 사양하지 마오

꽃이 필 때 비바람이 잦듯이

인생살이가 곧 이별이거늘

- 우무릉于武陵, 〈권주勸酒〉

타인을 거울삼으면
자기 모습이 보인다

어려운 일은 자기 자신을 아는 것.
쉬운 일은 남에게 충고하는 것.

- 탈레스

지금 여러분은 어떤 사람들과 어울리고 있습니까? 인간은 나약한 동물이라서 인간관계에서도 무의식중에 자기와 죽이 잘맞는 사람을 찾기 쉽습니다. 취미나 취향이 같거나, 가치관이 비슷하거나, 내 의견에 대체로 동의해줄 사람이거나……. 그래야 편하니까요. 지극히 당연한 경향입니다.

특히 나이를 먹을수록 스스로 누구와 어울릴지를 자유롭게 정할 수 있습니다. 젊을 때는 여러 가지로 주변의 제약이 따르기 때문에 잘 맞지 않는 사람과도 어울려야 하는 경우가 많습니다. 직장 상사가 가장 대표적인 예겠죠. 대다수 부하 직원은 상사를 선택할 수 없습니다.

그러다 상사가 되면 부하를 선택할 수 있는 기회가 늘어납니다. 함께 일하는 상대도, 이런저런 이유를 들어 싫은 사람이나 어려운 사람은 피하고 싶으면 피할 수 있습니다.

그러나 이렇게 해선 인간은 성장할 수 없습니다. 왜냐하면 마음이 맞는 사람하고만 어울리다 보면 지금의 내 모습을 있는 그대로 가식 없이 솔직하게 말해줄 사람이 없어지기 때문입니다. 그렇게 되면 자기 자신을 객관적으로 볼 수 없습니다.

탈레스Thales는 "만물의 근원은 물이다"라고 주장한 고대 그리스의 철학자입니다. 기하학, 천문학, 토목 기술, 정치학 등 학문 전반에 정통했던 인물로, 고대 그리스 7대 현인 가운데 한 사람으로 꼽힙니다.

그런 탈레스가 "무엇이 어려운 일인가?"라는 질문에 "자기 자신을 아는 것"이라고 대답했고 "무엇이 쉬운 일인가?"라는 질문에 "남에게 충고하는 일"이라고 대답했다는 유명한 일화가 전해집니다. 이 말은 여러분도 수긍할 것입니다.

자기 자신을 잘 아는 것 같아도 실상은 그렇지 않지요. 얼굴만 해도 직접 보는 것이 불가능합니다. 거울이라는 도구를 통해 비로소 자신의 얼굴을 볼 수 있습니다. 그러나 그것 역시 정확하지 않습니다. 거울이 보여주는 것은 좌우가 반전된 모습이니까요.

목소리도 마찬가지입니다. 평상시 자신의 귀로 듣는 것과 타인에게 들리는 소리는 다릅니다. 노래방에서 노래를 부르고 녹음해보면 잘 알 수 있습니다. '어, 내 목소리가 이렇다니!' 하며 깜짝 놀라게 됩니다. 이런 소소한 부분까지 포함해 인간은 의외로 자기 자신을 잘 알지 못합니다.

한편으론 남에게 충고하는 일이 가장 쉽다는 말도 충분히 납득이 갑니다. 실제로 다른 사람의 모습은 우리 눈에 잘 들어옵니다. 다른 사람의 행동에 대해선 '현명한 판단을 내렸구나,' '정말 바보 같은 짓을 했네'라는 게 한눈에 들어옵니다. 그리고 그런 평가는 대체로 정확합니다. 왜 그런 정확한 판단이 자기 자신에 대해선 불가능한지 답답할 지경입니다.

탈레스의 교훈을 자기 인생에 적용해보면 어떨까요. 실제 자기 모습을 직시하기 위해서는 타인의 적확한 지적을 빠뜨릴 수 없지 않을까요. 내가 나를 아는 것은 어렵지만 남의 눈엔 내 모습이 잘 보일 테니까요.

그리고 그 타인은 나의 모습을 객관적으로 봐주고 듣기 거북한 이야기도 빼놓지 않고 솔직하게 전해주는 사람이어야 합니다. 듣기 좋은 말만 골라서 하는 사람들이 옆에 있으면 자기 자신을 알 수 없습니다.

중국 당나라 2대 황제인 태종, 이세민李世民을 섬겼던 유명한 신하로 위징魏徵이라는 인물이 있습니다. "사람의 생은 의지와 용기에 감동한다人生感意氣"라는 명시를 남긴 사람입니다. 위징은 원래 태종의 형, 즉 당나라의 초대 황제인 고조 이연의 장남이자 황태자였던 이건성李建成의 교육을 맡고 있었습니다.

그런데 이건성은 맹한 구석이 있어서 황제가 되기엔 도저히 미덥지 않았습니다. 반면에 아우인 이세민은 야망도 능력도 형보다 한 수 위였습니다.

그 점을 충분히 인지하고 있었던 위징은 매일같이 황태자에게 "더 늦기 전에 아우를 죽이십시오. 그렇지 않으면 당신이 죽습니다"라고 조언했습니다. 그러나 이건성은 이를 행동에 옮기지 못했고, 결국 예상했던 대로 현무문의 변으로 아우 이세민에게 살해당하고 맙니다.

그 후 이세민은 태종으로 즉위합니다. 위징은 죄인이 됩니다. 형인 이건성의 측근이자 이세민을 죽이라고 계속 조언했던 인물이었으니까요.

눈앞에 끌려온 위징에게 태종이 물었습니다.

"형에게 나를 죽이라고 매일같이 말한 게 너냐?"

위징은 이렇게 대답했습니다.

"당신의 형님은 바보였습니다. 나는 이렇게 될 줄 알고 하루라도 빨리 당신을 죽이라고 말한 것입니다. 당신의 형님이 좀 더 사리분별을 잘해서 내 조언을 실행에 옮겼더라면 나는 지금처럼 죄인이 되지도 않았고 목숨을 잃을 일도 없었을 것입니다. 행복한 인생을 보냈을 것입니다. 당신의 형님이 어리석어서 내 말을 듣지 않았기 때문에 나는 지금 죽기 일보직전입니다."

그러나 태종은 위징을 죽이지 않았습니다.

"그대는 앞으로 내 곁에서 한시도 떨어지지 말고 계속해서 내 험담을 해주게"라면서 위징을 자신의 참모로 삼았습니다.

세월이 흘러 위징이 죽자 태종은 탄식하며 이렇게 말했습니다.

"타인을 거울삼을 때 비로소 내 행동이 옳은지 아닌지를 알 수 있거늘, 나는 거울로 삼을 인물을 잃었다. 이제 두 번 다시 나의 진짜 모습을 볼 수 없을 것이다."

황제쯤 되면 주변에 아첨꾼들이 가득합니다. 일부러 자기를 비판해줄 가신을 곁에 두었다니, 역시 대당제국이라 불리는 일대 국가의 기반을 쌓아올린 인물은 차원이 다릅니다.

훗날 태종을 존경하던 몽골 제국의 쿠빌라이 칸Khubilai khan은 평생 위징과 같은 인물을 찾아 헤맸다고 전해집니다.

앞서 말한 대로 인간은 나이를 먹을수록 어떤 사람과 어울릴 것이냐는 문제에서 상당히 자유로워집니다. 함께 있어서 즐거운 사람들하고만 만날지, 아니면 '이 개자식!' 하는 생각이 들 정도로 바른 말을 하는 직언거사直言居士와도 어울릴지, 어느 쪽을 선택할지는 각자의 인생관에 달려 있다고 생각합니다.

저의 경우, 저의 행동이 합당한지 아닌지 확신할 수 없기 때문에 주저하지 않고 후자를 선택합니다. 리쓰메이칸 아시아태평양 대학교APU의 학장이 된 지금도, 저보다 나이 많고 경험도 훨씬 풍부한 선배님들의 고언 덕분에 그럭저럭 해나갈 수 있는 거라고 생각합니다.

인생의 문장들

말하지 않아도
아는 것은 없다

오해나 태만은 술수나 악의보다
이 세상에 더 많은 다툼을 일으키지.

-요한 볼프강 폰 괴테, 《젊은 베르테르의 슬픔》

인간관계가 꼬일 때가 있습니다. 원인을 찾아보면 어느 한쪽이 악의를 품은 경우보다 무심코 대화를 게을리한 것이 빌미가 된 적이 훨씬 많습니다.

예를 들면 행사에 초대받지 못한 A가 주최자와 적대 관계가 되어버리는 일들이 종종 일어나는 것이죠. 주최 측이 일부러 A를 화나게 하려고 초대하지 않는 경우는 거의 없을 거라고 생각합니다. 대개는 악의가 없습니다. 부르는 걸 깜빡하고 잊어버렸거나 정원이 초과하는 바람에 '뭐 괜찮겠지' 하고 대수롭지 않게 넘겼겠지요.

그런데 이와 같은 대화 부족이 분쟁의 씨앗이 됩니다. 초대 받지 못한 A는 푸대접을 받은 기분이 듭니다. "지금까지 그렇게 잘해줬건만 나를 부르지 않은 건 무슨 경우지? 이런 배은망덕은 용서할 수 없어" 하면서 폭발하는 것도 이해할 만합니다.

반면 사전에 미리 "이번엔 정원이 일찍 차버려서 자네를 부를 수 없게 됐네. 미안하네"라고 한마디만 했으면 A도 대수롭지 않게 넘어갔을지 모릅니다.

그런데 사람들은 이 한마디를 빠뜨립니다. 그 결과 관계가 나빠집니다. 다툼은 대개 이런 사소한 일에서 비롯됩니다. 악의를 품은 누군가가 "저놈과 저놈을 싸우게 하자" 하고 계략을 써서 싸우게 되는 일은 거의 없지 않을까요.

독일의 문호, 괴테Johann Wolfgang von Goethe가 젊은 시절에 쓴 작품《젊은 베르테르의 슬픔Die Leiden des jungen Werthers》에는 이런 말이 나옵니다.

"오해나 태만은 술수나 악의보다 이 세상에 더 많은 다툼을 일으키지."

주인공 베르테르가 친구에게 편지를 쓰면서, 친척 아주머니가 자기 어머니의 말처럼 그렇게 나쁜 사람은 아니었다고 전하면서 한 말입니다. 그 후 베르테르는 약혼자가 있는 샬로테를 사랑하게 되고 이룰 수 없는 사랑에 괴로워하다 스스로 목숨을 끊는 선택을 합니다.

참고로 젊은 영혼의 고뇌를 그린 이 작품은 당시 엄청난 베스트셀러가 되었고 특히 젊은 세대에게 큰 영향을 주었습니다. 베르테르를 따라 자살하는 사람이 계속 늘어나 사회 문제가 될 정도였다고 합니다.

불화의 여신을 화나게 한 사람

그런데 갈등의 발단은 단순한 오해와 태만에 불과했다고 해도 그것이 때로는 돌이킬 수 없는 분쟁으로 이어지는 경우도 있습니다. 개인 대 개인이라면 살인까지 일어나기도 하고 국가 간에는 전쟁이라는 사태가 발생하기도 합니다.

그리스 신화에도 유명한 이야기가 있습니다. 트로이 전쟁의 원인이 된 축하연 사건입니다. 그리스의 영웅 펠레우스와 바다의 여신 테티스의 결혼식이 제우스의 개최로 성대하게 열렸습니다. 그런데 거기에 초대받지 못한 신이 있었습니다. 불화의 여신, 에리스였습니다.

에리스는 초대받지 못한 사실을 알고 격노해 결혼식장에 몰래 들어가 황금 사과를 두고 나왔습니다. 사과엔 "가장 아름다운 사람에게"라는 글이 적혀 있었죠. 그러자 미모에 자신이 있었던 헤라와 아테나, 아프로디테, 이 세 여신이 "이 사과는 내 것이다!"라고 서로 주장합니다. 세 여신의 다툼이 발단이 되어 트로이 전쟁이 시작된 것입니다. 이 전쟁은 무려 10년이나 이어집니다.

다양한 신들이 모이는 축하연에 에리스를 초대하지 않은 이유도 딱히 에리스에게 상처를 주려고 했거나, 계략에 빠뜨리려했거나 또는 뭔가 엄청난 악의가 있었던 건 아니라고 생각합니다. 불화의 여신이니까 '에리스가 오면 귀찮은 일이 일어날 것 같으니 부르지 말자' 정도의 심정이 아니었을까요.

그럼에도 주최 측이 불쾌하지 않게 어떻게든 구실을 붙여서 미안하다는 말 한마디를 전했더라면 에리스도 그렇게까지 격노하진 않았을 것입니다. 그 한마디를 하지 않았다는 것은 커뮤니케이션 방식이 정중하지 않았다는 뜻입니다. 절차를 생략하고 게으름을 피웠다는 뜻이기도 하고요. 이런 사사로운 부주의가 10년이나 이어지는 대규모 전쟁을 일으키고 만 것입니다.

그리스 신화에서뿐 아니라 현재를 살아가는 우리에게도 충분히 일어날 수 있는 일입니다. 그리고 이 문제를 피하는 방법은 단순명쾌합니다. 대화를 게을리하지 않는 것, 해야 할 말을 생략하지 않는 것입니다.

말하지 않아도 알 거라는 환상은 버리고 오해가 일어나기 전에 정확한 언어로 정중하게 전달해야 합니다. 저 역시 반성할 부분입니다만.

인생의 문장들

착한 사람보다
악인이 쉽다

악한 사람과는 게임이 가능하지만
선한 사람과는 게임이 불가능하다.

-나카노 요시오, 《악인예찬》

나쁜 의도를 가지고 다가오는 사람과는 가능한 한 어울리고 싶지 않은 게 인지상정입니다. 그렇다고 해도 그런 사람을 피할 수 없는 경우가 있습니다.

예를 들어 비즈니스 세계에서 어느 정도 두각을 나타내면 반드시 발목을 잡고 훼방을 놓으려는 사람이 등장합니다. 인간은 그 정도 수준의 생물이므로 어쩔 수 없는 일입니다. 다만 그럴 때 확실히 말할 수 있는 것은, 나쁜 의도가 있는 이른바 악인은 그다지 무서운 존재가 아니라는 점입니다. 왜냐하면 그들과는 거래가 가능하기 때문입니다.

악인은 자기 스스로 나쁜 의도가 있다는 것을 알고 있습니다. 나쁜 일이라는 것을 알면서도 상대를 모함하거나 속이거나 뭔가를 빼앗으려고 합니다. 그렇게 해서라도 손에 넣고 싶은 것이 있기 때문입니다. 그게 권력일 수도 돈일 수도 명예일 수도 있지만 어쨌든 그들의 목적은 명확합니다.

그러므로 우리 입장에선 그들이 원하는 바를 읽어낼 수 있으면 거래를 할 수 있습니다. "원하는 것이 무엇인지 안다. 하지만 전부를 줄 수는 없고 이만큼을 주겠다. 그렇게 하면 어떻겠나." 이런 상황입니다. 이렇게 제안하면 상대방도 받아들이기가 수월합니다. 악인보다 훨씬 무서운 쪽은 착한 사람입니다.

전 도쿄대학교 교수이자 영문학자인 나카노 요시오中野好夫는 인간 심리를 정확히 꿰뚫어보고 책《악인예찬惡人礼贊》에 이런 말을 남겼습니다.

"악한 사람과는 게임이 가능하지만 선한 사람과는 게임이 불가능하다."

선인이란 스스로 '이거야말로 정의다. 모두를 위한 길이다. 나는 좋은 일을 하고 있다'라고 굳게 믿으면서 주변 사람들을 시끄럽게 선동하는 사람입니다. 이 물을 마시면 틀림없이 병이 낫는다는 확신을 가지고 환자들에게 물을 권하는 사람들이 바로 그런 경우지요.

이들과는 교섭도 거래도 불가능합니다. 본인 입장에서는 100

퍼센트 선의로 하는 일이기 때문에 누가 무슨 말을 해도 들으려고 하지 않습니다. 우리와는 전혀 다른 차원의 기준으로 살아가기 때문에 애초에 게임이 불가능합니다.

11세기 말엽에 시작된 십자군 전쟁, 당시 표현으로는 '프랑크인의 침략'이 그 대표적인 예입니다. 성지 회복을 열망하며 예루살렘으로 향했던 사람들은 극단적으로 말하면 크게 두 부류로 갈렸습니다.

첫 번째 부류는 "이교도로부터 성지 예루살렘을 회복하고 기독교도를 구원하자. 그것을 신께서 원하신다"라는 로마 교황의 선동에 휩쓸린 이들입니다. 말하자면 정의와 신앙에 따라 참전한 사람들입니다.

또 한 부류는 교황이 퍼뜨린 교활한 헛소문, 즉 동방의 토지는 풍요롭고 밥도 맛있고 여성들도 아름답다는 이야기에 혹시나 하고 마음이 움직인 사람들입니다. 토지나 재산을 물려받지 못한 차남이나 삼남 중에는 그런 걸 노리고 십자군에 들어간 사람도 적지 않았습니다.

십자군에 맞서 싸우는 셀주크 왕조 입장에서 역부족이었던 상대는 물론 전자였습니다. 그들은 진심으로 이렇게 생각하고 있었으니까요. '신은 이슬람교도의 전멸을 원하신다. 상대를 전부 죽이기 전까진 돌아갈 생각이 없다. 죽임을 당해도 천국에 갈 수 있으니 그거야말로 간절히 바라는 바다.'

그런 사람들과는 교섭이 불가능합니다. "당신은 예루살렘을 자유롭게 순례하고 싶을 테지요. 앞으로 통행의 자유를 인정하고 해치지도 않을 테니 이제 서로 죽이고 죽는 일은 그만둡시다." 이렇게 아무리 이야기해도 들으려 하지 않을 것입니다.

한편 후자와는 거래가 가능합니다. "토지 일부분을 놓고 거래합시다"라고 제안하면 매듭이 비교적 수월하게 풀립니다.

무지한 선인은 악인보다 상대하기 힘들다

인간관계에서 힘든 부분은 이런 착한 사람과 어울릴 때입니다. 상대방은 악의가 없지만 내 입장에선 어떤 대책도 세우기가 힘듭니다. 그런 사람을 만났다면 경계하고 멀리하는 것이 가장 좋습니다.

그럴 수 없다면 숫자, 사실, 논리로 이치를 정확하게 따져서 성실하면서도 흔들림 없는 태도로 상대의 선입견을 공격해야 합니다. 그렇게 하지 않으면 상대는 변하지 않습니다. 그리고 많은 사람에게 민폐를 끼칩니다.

그런데 더욱 주의해야 하는 것은 자기도 모르는 사이에 착한 사람이 되어버리는 상황입니다. '설마 내가……'라고 생각할지 모르지만, 스스로 알아차리지 못하는 사이에 착한 사람이 되어

인생의 문장들

주변 사람들을 괴롭히는 일이 자주 벌어집니다.

예를 들어 회사에서 열심히 일하는 사람이 아파트 관리 조합 임원으로 뽑혔다고 해봅시다. 그 사람은 일을 잘하는 만큼 관리 조합이 지금껏 해온 방식이 답답하다고 생각할 수 있습니다. 그래서 "여기에도 낭비가 있고 저기에도 낭비가 있다"며 떠들썩하게 개혁을 시작합니다.

그런데 아파트 주민 대다수는 정작 개혁을 조금도 원하지 않을 수 있습니다. 지금까지 아무 것도 불편하지 않았는데 왜 굳이 저렇게까지 일을 벌여야 하는지 불편해합니다. 본인은 아파트 주민들을 위해서 한 선행이었지만 주변에선 민폐라고 생각하는 것입니다. 주위를 둘러보면 의외로 이런 일이 흔히 일어납니다.

왜일까요? 그 사람 눈에는 주변의 다른 것이 들어오지 않기 때문입니다. 자신의 가치관만 믿고 폭주하는 것이지요. 무지한 선인이 되어버리는 것입니다.

무지한 선인이 되지 않기 위해서는 역시 아는 것이 중요합니다. 주변을 잘 관찰하고 공부해서 이 세상과 인간에 대한 지식을 늘려가야 합니다. 그 외에 방법은 없다고 생각합니다. 자기만의 세계에 빠져 있는 사람일수록 무지한 선인이 되기 쉽습니다.

인정욕구는
인생의 낭비

/

하늘이 알고 땅이 알고
내가 알고 네가 안다.

-범엽,《후한서》

"불평하고, 질투하고, 좋은 평가를 바라는 것. 인생을 허비하고 싶다면 부디 이 세 가지 일을 하시길."

앞서 언급했던 치키린의 이 트윗을 보고 "이 세 가지 일을 (많이) 하시길"이라고 한마디 덧붙여서 리트윗을 했습니다. 그러자 어떤 현명한 분이 "맞는 말씀이지만, 세 번째를 극복하는 게 가장 어렵네요"라는 댓글을 달아주셨습니다. 매우 날카로운 지적입니다.

다른 사람에게 칭찬받고 싶다, 잘 보이고 싶다는 인간의 욕망은 매우 강렬합니다. 이를 극복하기란 아주 어렵습니다. 그러나

인생의 문장들

잘 생각해보면, 다른 사람이 내 일을 세심하게 살펴봐줄 기회는 그다지 많지 않습니다.

누군가가 나를 열심히 신경 써줄 확률은 사실상 매우 낮습니다. 있다고 해도 우연히 내 행동을 보고 잘하고 있다는 생각이 들면 칭찬해주는 정도지요. 기업에서 부하를 관리하는 역할을 맡고 있는 상사조차도 부하 직원을 그다지 빈번히 주의 깊게 관찰하는 것은 아닙니다.

그러므로 잘 보이고 싶다, 칭찬받고 싶다는 당신의 바람은 좀처럼 이루어지기 어렵습니다. 극단적으로 말하면 기대하는 만큼 인생의 낭비입니다.

하늘과 땅이 알고 있다는 사실에 만족할 것

범엽范曄이 기록한 중국의 역사서 《후한서後漢書》에는 "하늘이 알고 땅이 알고 내가 알고 네가 안다"라는 말이 나옵니다.

후한 시대의 관료, 양진楊震이 지방 부임지로 향하던 중이었습니다. 하룻밤 묵고 있는 숙소에 부하가 찾아와서 뇌물을 건네려고 했습니다. 양진은 거절했지만 부하는 "우리 외에는 아무도 모릅니다"라며 물러서지 않았습니다. 그때 양진이 한 말이 이것입니다.

좋은 일이든 나쁜 일이든 하늘에 있는 신이 먼저 봅니다. 그 다음 땅에 있는 신이 보고, 무엇보다 자기 자신이 봅니다. 그 다음에 다른 사람이 보고요.

제가 이 말에서 주목하는 부분은 다른 사람이 가장 마지막에 나온다는 점입니다. 다른 사람은 결국 맨 마지막에 알아차립니다. 앞에서 말한 것처럼 세상은 결국 그런 곳입니다.

그렇기 때문에 언제 알아줄지 모르는 타인에 대해서는 애당초 기대를 품지 않는 것이 좋습니다. 그보다도 하늘과 땅과 내가 알고 있다는 사실에 만족하는 것입니다. 이 세 가지로 충분하지 않을까 생각합니다. 그런 마음으로 살아갈 때 인생이 즐거워진다고 저는 믿습니다.

다른 사람에게 잘 보이고 싶다거나 칭찬받고 싶다는 기대감이 인간의 마음을 병들게 하는 원인 가운데 하나입니다. 마음에 병이 들면 몸도 점점 병들어갑니다. 머리로는 확실히 이해해도, 하늘이 알고 땅이 알고 내가 아는 것만으론 만족할 수 없다는 사람이 있을지도 모르겠습니다.

해결 방법은 간단합니다. 지금 하는 일을 더 재미있게 하는 겁니다. 사람들에게 잘 보이고 싶다, 칭찬받고 싶다는 것은 결국 내가 지금 하고 있는 일에 열중하지 못하고 있다는 의미입니다. 일에 완전히 몰입하면 다른 사람이 어떻게 보든 어떻게 생각하든 그다지 신경 쓰이지 않는 법입니다.

　　　　　　　　　　　　　　인생의 문장들

제가 신입사원으로 일본생명에 들어가서 맨 처음 했던 업무는 엽서에 고객의 주소를 쓰는 일이었습니다. 일이 너무 지겨워서 재미있게 할 수 있는 방법을 고민했습니다.

그러다 떠올린 것이, 고객의 이름을 보고 떠오르는 인상대로 글자를 쓰는 방법이었습니다. 세련된 여자 이름이면 한 글자 한 글자 정성 들여 적었고 숨 막힐 것 같은 아저씨 이름이면 평소 글씨체로 대충 쓰는 식이었습니다.

다만 그 상황을 예리하게 간파한 상사에게 "데구치 씨, 모든 고객은 소중합니다. 그러니 똑같이 예쁜 글씨체로 써주세요"라고 혼나긴 했지만요.

인간은 지극히 작은 일에서도 재미를 찾을 수 있는 동물입니다. 딱히 눈에 불을 켜고 방법을 찾아 나서지 않아도 괜찮습니다. 인생의 여러 가지 일들이 재미있다고 느끼게 되면 불평하고, 질투하고, 좋은 평가를 바라는 이 세 가지가 자신과 아무 상관 없는 일이 될 것입니다.

3장

현명한 판단과 결정

'정말 그럴까?' 라는 의심이 나를 구한다

급진적인 것은
사물의 근본을 파악한다는 의미다.

-칼 마르크스, 《헤겔 법철학 비판 서설》

사는 게 고달프다, 일상이 즐겁지 않다, 운이 나쁜 내가 한심하다 등의 이유로 삶이 괴롭고 힘든 분들 중에 이 책을 읽는 독자가 있을지 모르겠습니다. 그런 분들에게 냉정하게 한마디 하겠습니다. 당신이 괴로운 이유는 현실을 직시하지 못해서라고요.

이 세상의 실체적 사실을 보지 않고 자기 마음대로 해석하거나 자기 주변에서만 통하는 상식으로 세상사를 판단하고 자신의 생각과 다를 경우 그럴 리가 없다면서 괴로워하는 경우가 적지 않은 듯합니다.

이런 선입견이나 상식을 배제하면 사물의 본질이 눈에 확연히 들어옵니다.

원래 사건이란, 단순한 사실이자 일어난 일입니다. 거기엔 플러스도 마이너스도 없습니다.

사건 그 자체는 중립입니다. 개개인이 그 사실을 어떻게 보느냐에 따라 플러스 또는 마이너스의 감정이 올라오는 것뿐입니다. 어떻게 하면 선입견이나 상식을 배제할 수 있을까요? 제가 쓰는 방법은 전제를 의심하는 것입니다.

어떤 사건이 눈앞에 펼쳐졌을 때 우리는 특정 전제를 기반으로 사고를 조립하거나 판단하기 쉽습니다. 하지만 그 전제 자체가 틀린 경우가 많습니다. 그렇기 때문에 전제를 의심하고 제로베이스에서 생각해봐야 합니다. 즉 아무 가치 판단이 없는 원점에서 생각해보는 거지요.

예를 들어 최근 일본에서는 총선거 투표율이 하락하고 있습니다. 중의원 의원 선거를 보면, 1990년대 초반엔 대략 70퍼센트가 넘었는데 지금은 50퍼센트 전후에서 왔다 갔다 합니다. 투표를 하지 않는 이유로 종종 하는 이야기가 "제대로 된 후보가 없어서, 모두 바보 같아서 투표소에 가고 싶은 생각이 안 든다"라는 겁니다. 언뜻 올바른 의견처럼 들립니다.

그러나 제로베이스에서 생각하면 이처럼 어리석은 말도 없습니다. 그 생각의 바탕에는 '모든 후보자는 정치가가 되기 위해 나온 만큼 훌륭한 사람들일 것이다'라는 전제가 깔려 있습니다.

하지만 이 전제는 자기 나름의 선입견입니다. 그런 선입견을 혼자 세워놓고 조금도 의심하지 않는 것입니다. 과연 모든 후보자들이 훌륭할까요? 그것은 있어날 수 없는 환상이라고 생각합니다.

영국의 총리로서 20세기 전반의 국제 정치를 이끌었던 처칠은 100년 전 "원래 정치가가 되고자 하는 사람 중에 제대로 된 인간이 없다"고 갈파했습니다. 제대로 된 후보자가 없는 것이 당연합니다. 처칠은 계속해서 이렇게 말합니다.

"민주주의는 최악의 정치 형태다. 지금까지 시험해본 모든 정치 형태를 제외하면 말이다."

처칠은 정치가였지만 자기 자신을 포함해 선거에 나오는 후보자들이 형편없다는 것을 알고 있었습니다. 그들 중에서 상대적으로 제대로 된 인간을 선택하는 것이 선거인데, 그러려면 상당한 인내가 필요하기 때문에 민주주의가 최악이라고 말한 것입니다. 물론 과거의 황제정이나 왕정, 귀족정 등의 정치 형태를 제외할 경우에 그렇다는 의미입니다.

전제를 의심한다는 것은 이런 것입니다. 애당초 전제가 이상하면 그 위에 쌓아올리는 사고도 이상해집니다. 그런 이상한 사고로 논의를 전개하면 상황은 점점 더 이상한 방향으로 흘러갈 뿐입니다. 따라서 전제를 의심해보는 것이 무엇보다 중요합니다.

선입견을 단숨에 제거하는 법

이렇게 말하는 저도 때때로 선입견이나 상식에 사로잡혀 실수한 적이 있습니다. 일례로 런던에서 근무하던 시절의 일입니다. 당시 저는 약 5천억 원 규모의 펀드를 유로 시장에서 운용하고 있었습니다.

외국인 부하 직원이 자금 운용의 전제가 되는 경제 전망 보고서를 들고 왔습니다. 보고서에 승인을 하고 나서, 저는 불쑥 당시 런던의 일등 투자은행이었던 에스지 워버그SG Warburg의 경제 전망에 대해 물었습니다. 그러자 부하 직원은 의아한 표정으로 "모릅니다. 다른 기업의 데이터가 왜 필요하죠?"라고 반문하더군요.

그의 말은, 보고서를 설명했고 내가 승인도 했는데 다른 기업의 전망치를 듣는 것이 무슨 의미가 있느냐는 것이었습니다. 그때 저는 제가 어처구니없는 질문을 했다는 것을 깨달았습니다.

일본에서 일할 때는 경제 전망 보고서를 임원회에 제출할 때 언제나 노무라증권, 일본흥업은행, 미쓰비시은행 등 다른 기업의 경제 전망치를 참고 자료로 첨부했습니다. 그래야 임원들도, 그리고 저 자신도 안심할 수 있었거든요.

그러나 제로베이스에서 생각해보면 그런 자료는 아무런 의미도 없습니다. 우리 조직이 납득해서 작성한 경제 전망치가 있

인생의 문장들

으면 그걸로 충분하지요. 타사의 경제 전망 같은 건 필요 없습니다. 그걸 깨닫지 못하고 일본에서 하던 방식대로 아무 생각 없이 부하에게 바보 같은 질문을 던지고 만 것입니다.

이 일을 겪으며 '어쩌면 이리도 스스로 생각하는 능력이 부족할까' 깊이 반성했습니다. 오래 살다 보면 알게 모르게 머릿속에 많은 선입견과 상식이 증식합니다. 그 틀 안에서 이렇다 저렇다 단정 짓기도 쉬워지지요.

그로 인해 현상을 잘못 인식하는 경우도 많습니다. 그런 상황을 피하기 위해서는 언제나 전제를 의심하는 자세를 견지하는 것이 중요합니다.

제가 마음속에 품고 있는 말이 있습니다. 칼 마르크스Karl Marx의《헤겔 법철학 비판 서설Zur Kritik der Hegelschen Rechtsphilosophie. Einleitung》에 나오는 다음 격언입니다.

"급진적인 것은 사물의 근본을 파악한다는 의미다."

19세기 위대한 사상가이자 혁명가인 마르크스는 자기 생애를 걸고 이 세계를 변혁하는 것을 목표로 끊임없이 행동에 나섰던 인물입니다. 그 뿌리에는 늘 사물의 근본을 파악하려는 자세가 깔려 있었다고 생각합니다. 그의 저작을 읽을 때마다 그런 점을 강하게 느낍니다.

마르크스는 모든 전제를 의심하고 언제나 제로베이스에서 생각하고자 했습니다.

저 역시 그런 자세를 본받고 싶습니다. 사회가 그렇게 받아들이고 나 역시 지금까지 그렇게 생각해왔지만 정말로 그럴까? 하고 사물의 근본까지, 그야말로 딱딱한 암반에 부딪칠 때까지 파내려가서 완전히 납득할 수 있을 때까지 거듭 숙고하는 것입니다.

그런 습관을 유지할 때 선입견이나 상식의 속박으로부터 자유롭게 해방될 수 있습니다.

숫자는 나에게
어떤 힘을 주는가

수집한 데이터를 전부 사용하지 않고
일부로만 판단하는 재판관이 있다면
우리는 그에게 어떤 평가를 내릴 것인가.

-알프레드 베게너, 《대륙과 해양의 기원》

이 세상의 진짜 모습을 가르쳐주는 것은 '사실'만이 아닙니다. 또 하나, 숫자(데이터)가 있습니다. 숫자와 사실을 바탕에 깔고 그 위에 논리를 쌓는 것, 제가 사고를 전개할 때의 기본 과정입니다. 상황을 정확하게 파악하고 적절한 해답을 도출해나가는 데 매우 유용한 방법입니다.

예를 들면 증세에 대해 논의해보겠습니다. 2019년도 예산을 살펴봅시다. 일본의 세수는 약 620조 원이고 그중 법인세수가 약 130조 원입니다. 한편 세출은 약 990조 원입니다. 이 수지의 불균형을 국채, 즉 돈을 빌려서 메우고 있는 것이 현재 일본의 재정 상황입니다. 이 현상을 어떻게든 해결하지 않으면 일본 재정은 결국 파탄날 것이기 때문에 증세의 필요성이 거론되고 있는 것입니다.

경제학자 중에는 경기가 좋아지면 세수가 늘어날 것이기 때문에 증세보다는 우선 경기를 좋게 만들어야 한다고 말하는 이가 있습니다. 그러나 이것은 숫자, 사실, 논리로 생각해보면 지극히 현실성이 떨어지는 이야기입니다.

물론 경기가 좋아지면 세수가 늘어난다는 논리는 정확합니다. 그렇다면 경기가 좋아질 때 세수는 어느 정도 늘어날까요? 법인세로 생각해봅시다.

일본 경기가 가장 좋았던 때는 버블 경제가 들끓어 올랐던 1989년입니다. 그해에 닛케이 평균 주가는 40만 원 근처까지 상승했습니다. 토지 가격도 크게 상승해서 당시 도쿄 땅값으로 미국 전체를 살 수 있다는 말이 나왔을 정도입니다.

그토록 경제가 뜨거웠던 시절의 세수가 약 600조 원(1990년)이었습니다. 당시 소비세가 3퍼센트였고 그중 법인세수는 180~190조 원이었습니다. 거품 경제로 들끓던 시절의 법인세수도 지금보다 겨우 50~60조 원 많았습니다.

그렇다면 아무리 정부가 열심히 경기 회복 정책을 편다고 해도 세출을 충당할 만큼의 세수를 확보하긴 어렵다는 결론에 이릅니다. 즉 경기가 회복돼도 현재의 수지 불균형을 해소하긴 어

　　　　　　　　　　　　　　　　　인생의 문장들

렵습니다. 결국은 증세를 하거나 자식과 손자 세대에게 빚을 물려주는 수밖에 없습니다.

그러나 고령화와 저출산으로 인구가 줄고 있는 상황에서 자식과 손자 세대에 빚을 물려준다면 일본 재정이 파탄 날 확률이 높아지지 않을까요. 개중엔 990조 원의 지출에서 낭비를 줄이면 된다는 의견도 있습니다. 이것도 말만 들어보면 올바른 주장처럼 느껴집니다.

그러나 숫자와 사실로 현실을 파악해보면 그렇지 않다는 것을 알 수 있습니다. 990조 원의 내역을 살펴보면, 기본적으로 삭감하기 어려운 것이 채무의 변제인 국채비와 지방 보조금인 지방 교부세 교부금입니다. 이 두 가지를 합치면 390조 원에 이릅니다.

이 두 가지를 지급하고 나면 세수 620조 원 가운데 약 63퍼센트가 사라진다는 뜻입니다. 남은 금액은 약 230조 원인데 사회 보장비만 해도 그것의 1.5배인 약 340조 원에 육박합니다. 이 단계에서 지출을 줄인다고 무슨 뾰족한 수가 나오지 않는다는 걸 알 수 있습니다. 절약을 해도 한계가 있는 것입니다.

결국 수지 불균형을 해소하기 위해선 수입을 늘리는 수밖에 없습니다. 거기서 도출되는 결론은 안타깝게도 증세밖에 없습니다. 조금 떨어져서 보면 전체 상이 잘 보인다고 하는데, 2019년 4월에 OECD가 공표한 대일경제심사보고서는 소비세율을 최대 26퍼센트까지 끌어올릴 필요가 있다고 지적합니다.

깜짝 놀랄 만한 지적이지만, 냉정하게 숫자를 보면 일본의 국민 부담률(조세+사회보험료)은 OECD 34개국 가운데 27위로 낮은 편이고 OECD 국가 전체의 소비세율 평균은 약 20퍼센트에 이릅니다. 일본이 저출산과 고령화가 가장 많이 진행되고 있고 거액의 채무를 껴안고 있다는 점을 종합하면 26퍼센트라는 숫자가 아주 황당무계하지만은 않다는 것을 알 수 있습니다. 일본의 재정을 안정시키기 위해서는 세율 자체를 높이고 세수를 늘리는 것 외에 다른 방법이 없는 것입니다.

'증세'라는 단어에 국민 대부분이 거부 반응을 보입니다.

늘어난 세금만큼 자유롭게 쓸 수 있는 돈이 줄어들기 때문입니다. 그래서 '증세'라는 단어만 나와도 상황이 쉽게 감정적으로 보입니다. 하지만 그렇게 되면 현재 일본이 처한 재정 상태의 실상이 잘 보이지 않습니다.

그 결과 '증세 절대 반대!'라는 대전제 위에 '경기 부양책을 마련하자,' '불필요한 지출을 줄이자'와 같이 사실상 근본적으로 별 효과를 기대할 수 없는 해결책이 차례로 등장합니다.

물론 경기 회복이나 불필요한 경비 삭감은 매우 중요합니다. 그러나 안타깝게도 그것만으로는 국가 재정이 해결되지 않습니다.

이런 경우를 두고 저는 '국어로 사고한다'라고 표현합니다.

언어로만 사고하는 바람에 현실이 보이지 않게 되는 사고법을 의미합니다. 좀 더 냉정하게 말하면, 꿈만 이야기하는 사람들 중에 국어로 사고하는 사람이 많은 듯합니다.

현실을 제대로 파악하기 위해서는 국어가 아니라 산수로 사고하는 것이 중요합니다. 언어로만 사고하는 것을 그만두고 숫자를 확실하게 살펴야 합니다. 거기서 다양하고 새로운 사실이 눈에 들어옵니다. 숫자와 사실을 탄탄한 논리로 연결하면 적절한 답이 저절로 도출됩니다.

산수로 사고할 때 리스크가 코스트로 바뀐다

산수로 사고하는 습관을 들이면 행동력도 강해집니다. 행동에 좀처럼 나서지 못하는 이유는 그 안의 리스크를 떠올리기 때문입니다. 예를 들어 기요미즈의 무대(교토 청수사 본당 앞에 있는 무대. 본당 절반과 무대 전체가 벼랑 끝에 아찔하게 나와 있는데 이 무대에서 뛰어내려서 무탈하면 소원이 이루어진다는 전설이 있다-옮긴이) 위에 서 있는데 "여기서 뛰어내리시오"라는 말을 들었다고 해봅시다.

국어로 사고하는 사람은 이렇게 높은 곳에서 뛰어내리면 죽을지도 모른다는 생각에 좀처럼 뛰어내릴 결심을 하지 못합니다. 마냥 꾸물거리며 고민만 합니다.

반면에 산수로 사고하는 사람은 곧바로 기요미즈의 무대의 높이를 숫자로 생각합니다. 생각보다 높지 않으면 '뭐야, 2미터도 안 되잖아' 하고 뛰어내릴 수도 있고, 반대로 '8미터는 되겠구나. 그럼 포기하는 게 낫겠다' 하고 정중히 거절할 수도 있습니다.

즉, 국어로 사고하면 리스크는 언제까지나 리스크로 남지만 산수로 고쳐서 생각하면 리스크는 코스트가 됩니다. 비용이 정확해지기 때문에 그 밖의 손익이나 가능 여부만 따지면 되는 것이지요. 결단도 행동도 쉬워집니다.

참고로 아무리 숫자와 사실 위에 논리를 쌓아올려도 숫자와 사실을 자기 형편에 맞춰 취사선택하면 의미가 없습니다. 거기서 도출되는 답은 틀린 답입니다.

이를 경고하는 격언이 있습니다. 대륙이동설을 주창한 기상학자 베게너Alfred Wegener가 저서 《대륙과 해양의 기원Die Entstehung der Kontinente und Ozeane》에서 한 말입니다.

"수집한 데이터를 전부 사용하지 않고 일부로만 판단하는 재판관이 있다면 우리는 그에게 어떤 평가를 내릴 것인가."

대륙이동설이란, 한 덩어리였던 대륙이 점점 분열하여 이동한 결과 현재의 모습이 되었다는 설입니다. 베게너는 어느 날 세계 지도를 들여다보다가 대서양을 끼고 있는 아프리카 대륙과 남아메리카의 대륙의 해안선을 가까이 당기면 서로 맞물린다는 사실을 발견하고 그런 발상을 합니다.

그 후 베게너는 자신의 전문 분야인 기상학에 머물지 않고 지질학, 고생물학, 동물 및 식물 지리학, 고기후학 등 폭넓은 분야에서 차례로 정보를 모읍니다. 그리고 그것들을 종합적으로 분석하면서 대륙이동설에 대한 확신을 더욱 굳혀나갑니다. 그런 연구 자세가 그의 이 말에서 확실하게 드러나는 게 아닐까요.

보이지 않던 것이
보이는 종횡사고

인간은 근본적으로 무지하며
지식을 획득함으로써 무지에서 벗어난다.

-이븐 할둔, 《역사서설》

어떻게 이런 멋진 아이디어를 낼 수 있을까. 세상에는 깜짝 놀랄 정도로 풍부한 발상력을 뽐내는 사람들이 있습니다. 풍부한 발상의 원천은 과연 무엇일까요? 타고난 재능이라기보다 그 사람이 가진 방대한 지식의 양이 아닐까 저는 생각합니다. 즉 지식의 양에 따라 사람은 누구나 아이디어의 달인이 될 수 있는 것입니다.

예전에 음악가인 사카모토 류이치坂本龍―가 한 기내 잡지의 인터뷰에서 매우 흥미로운 이야기를 한 적이 있습니다. 세계를 무대로 활약하는 사카모토를 보고 우리는 음악에 비범한 재능을 가졌다고 생각하지만 정작 본인은 그런 재능이 없다고 말한 것입니다. 자신은 그저 어릴 때부터 저장해온 방대한 음악의 기억들을 끄집어내어 조합해가면서 음악을 만들고 있을 뿐이라고 말이죠.

사카모토의 아버지는 유명한 편집자인 사카모토 가즈키坂本一亀입니다. 일할 때는 매우 무서웠다고 하는데, 아들에겐 자상했던 듯 아들이 원하면 몇 장이라도 레코드판을 사주었다고 합니다.

그 덕에 사카모토는 어릴 때부터 음악에 흠뻑 빠져 지낼 수 있었습니다. 말하자면 엄청나게 많은 음악을 머릿속에 넣을 수 있었던 겁니다. 그 기억이 훗날 사카모토가 음악을 만드는 재료가 되었고요. 만약 사카모토의 아버지가 그에게 레코드판을 사주지 않았다면 지금의 '음악가 사카모토 류이치'는 없을지 모릅니다.

저는 이 기사를 읽고 나서 아이디어나 발상을 내는 데에도 지식의 축적이 시작이자 끝임을 새삼 다시 느꼈습니다. 풍부한 아이디어나 발상을 원한다면 계속해서 머릿속에 지식을 쌓는 방법밖에 없습니다.

인류의 오랜 역사를 돌이켜봐도 완전한 무에서 탄생한 아이디어는 거의 없습니다. 과거의 생각들을 조합하거나 그 시대에 맞는 형태로 조율하는 과정에서 유연한 아이디어가 탄생합니다.

축적된 지식 안에서 새로운 아이디어가 탄생하는 것입니다. 그렇기 때문에 알아가는 행위가 중요합니다. 아무것도 쌓지 않으면 인간의 두뇌는 텅 비고 맙니다. 제로의 상태지요.

지식은 말하자면 재료입니다. 재료가 없으면 요리를 할 수 없는 것처럼 인간도 지식이 없으면 제대로 된 사고를 할 수 없습니다. 사고를 하지 못하면 아이디어도 탄생할 리 만무합니다.

지식이 단숨에 늘어나는 사고법

14세기 이슬람 사회에 이븐 할둔Ibn Khaldūn이라는 역사가가 있었습니다. 그는 북아프리카와 스페인 지역의 몇몇 이슬람계 왕조를 떠돌며 다양한 관직을 역임한 정치가이기도 했습니다.

저서《역사서설Muqaddimah》에서 그는 왕조가 탄생해서 붕괴하기까지 일정한 규칙이 있다고 보고 이를 분석적으로 논했습니다. 또 경제의 본질에 대해서도 언급했는데 현대 경제학에도 통용될 수 있을 만큼 내용이 날카롭습니다. 이런 저작이 14세기에 나왔다니 당시 이슬람 사회와 문화의 높은 수준을 미루어 짐작할 수 있습니다.

《역사서설》에는 "인간은 근본적으로 무지하며 지식을 획득함으로써 무지에서 벗어난다"라는 문장이 나옵니다. 획득이라는 능동적 행동을 취하지 않으면 지식을 습득하고 늘려갈 수 없다는 의미입니다. '획득한다'를 '배운다'라고 바꿔 써도 좋겠지요.

나이를 먹어도 인간으로서 풍부한 발상력을 유지하고 싶다면 평생 끊임없이 배우고 지식을 쌓는 것이 필수입니다.

여기서 또 하나, 지식을 얻는 방법에 대해 언급해보겠습니다. 지식을 얻는 방법은 저마다 다양할 것입니다. 우선 지식의 원천은 사람, 책, 여행 세 가지입니다. 많은 사람을 만나고 많은 책을 읽고 많은 현장에 직접 나가보는 것이 가장 좋습니다. 여기서 제가 한 가지 염두에 두는 방법이 '종에서 횡으로'입니다.

종은 시간축, 역사축입니다. 횡은 공간축, 세계축입니다. 이 두 축을 의식하면서 지식을 쌓으면 사물의 전체 상을 명확히 파악할 수 있습니다. 이 방법을 저는 '종횡 사고'라고 부릅니다.

좀 더 구체적으로 살펴보겠습니다. '종'이란 과거로부터 배우는 것입니다. 옛사람들은 무엇을 생각하고 어떻게 살았는지를 파악하고 거기에서 다양한 것들을 배워나갑니다. 그렇다고 해도 옛사람들은 이미 죽었으니까 직접 이야기를 듣는 것은 불가능합니다. 그러므로 책을 통해 배웁니다. 옛사람들이 쓴 책, 즉 고전을 읽거나 옛사람들에 대해서 쓴 책, 즉 역사서를 읽습니다. 그렇게 해서 그들의 생각과 삶의 방식을 배울 수 있습니다.

'횡'이란 현재라는 시간축을 기준으로 나와 다른 환경에서 생활하는 사람과 사건으로부터 배우는 것입니다. 구체적으로 나와 다른 환경에서 살아가는 사람들의 이야기를 듣거나 책을 읽거나 여행을 하는 일 등입니다.

하나의 주제에 대해 해외에선 어떻게 받아들이는가, 국내 다른 지역에서는 어떤가, 동종업계의 다른 업체에선 어떤가, 타 업종에서는 어떤가. 그렇게 횡축으로 비교해보면 다양한 것들을 발견할 수 있습니다.

저는 매일 아침 세 가지 신문을 읽습니다. 세 가지 신문을 읽으면 먼저 비교가 가능합니다. 같은 사건을 다뤄도 제목 크기가 다르거나 표현 방식이 다르거나 기자의 논조도 다른 경우가 많습니다. 그 차이에서 '왜'라는 의문이 싹트고 생각해볼 기회가 생기는 것입니다.

인생의 문장들

결정하지 못하는
사람의 특징

구리를 거울로 삼으면 옷차림을 정리할 수 있고
역사를 거울로 삼으면 흥망성쇠를 알 수 있고
사람을 거울로 삼으면 득실을 밝힐 수 있다.
일찍이 이 세 가지 거울로 나의 과실을 막았다.

-이세민, 《정관정요》

인생은 결정의 연속입니다. 우리는 날마다 결정을 하고 결단을 내리고 거기서 또 다른 가지를 뻗어가며 앞으로 나아갑니다. 그것들이 쌓인 결과가 지금 내가 있는 장소입니다.

한편으로 좀처럼 결정을 내리지 못해 앞으로 나아가지 못하고 한곳에 정체하는 경우도 있습니다.

누구도 미래를 예측할 수 없습니다. 때문에 이 결단이 정말 좋은 결과로 이어질지 고민하거나 이런 선택으로 후회하고 싶지 않다고 불안해하면서 언제까지나 결정을 내리지 못하는 사람이 많습니다.

그렇게 헤매기만 하면 앞으로 나아갈 수 없습니다. 당연히 아무런 결과도 내놓을 수 없습니다. 물론 중요한 의사 결정을 내릴 때는 숙고하는 것도 중요합니다.

그러나 현실에서 많은 경우, 의사 결정을 위해 쓸 수 있는 시간은 많지 않습니다. 인생에서도, 비즈니스에서도, 특히 다른 사람과 연관이 있을 때는 어느 정도 기한을 정해놓고 결정을 내려야 할 때가 많습니다.

저는 짧은 시간에도 효과적으로 결정을 내릴 수 있다고 생각합니다. 다만 그러기 위해서는 집중적으로 깊이 파고들어 생각하는 것이 무엇보다 중요합니다. 암반에 닿을 때까지 깊숙이 파고든다는 자세로 숙고하다 보면 반드시 거기서 나름의 납득할 만한 답을 찾을 수 있습니다.

애당초 좀처럼 결정을 내리지 못하는 사람은 암반까지 파고들지 않은 단계에서 답을 찾고 있는 것입니다. 그러면서 또 다른 방법이 있을지도 모른다고 생각의 방향을 틀어가며 여기저기서 방황합니다. 그러므로 의사 결정을 내려야 할 때는 두뇌를 풀가동하고 모든 에너지를 모아서 과제에 집중하는 것이 무엇보다 중요합니다.

그런 식으로 눈앞의 과제를 암반에 닿을 때까지 파고들어가 숙고하는 것입니다.

그런데도 계속 고민이라면
마지막엔 동전으로 정하면 된다

의사 결정 수준을 더욱 높은 차원으로 끌어올리기 위한 방법으로 세 가지 거울, 즉 삼경을 꼭 소개하고 싶습니다.

"구리를 거울로 삼으면 옷차림을 정리할 수 있고 역사를 거울로 삼으면 흥망성쇠를 알 수 있고 사람을 거울로 삼으면 득실을 밝힐 수 있다. 일찍이 이 세 가지 거울로 나의 과실을 막았다."

당나라 2대 황제 태종(이세민)의 언행록인《정관정요貞觀政要》〈오긍吳兢〉 편에 나오는 유명한 문장입니다. 태종에 대해선 2장에서도 언급했는데, 태종은 중국 역사상 최고의 명군으로 불리는 인물 가운데 한 명입니다. 그러한 태종이 의사 결정에서 실수하지 않기 위해 염두에 두었던 것이 바로 구리, 역사, 사람, 이 세 가지 거울이었습니다.

먼저 구리는 보통의 구리 거울을 말합니다. 왜 이것이 중요할까요. 거울에 비친 자신의 얼굴과 모습을 보면서 매일 심신의 상태를 확인할 수 있기 때문입니다.

앞서 언급한 대로 의사 결정을 내리는 데에는 크나큰 집중력이 필요합니다. 그리고 중요한 의사 결정을 언제 내리게 될지 누구도 알 수 없습니다. 언제나 준비된 상태를 유지할 필요가 있습니다.

따라서 좋은 의사 결정을 내리기 위해서는 건강 상태를 철저히 관리하는 게 필수입니다. 그런 이유로 매일 거울에 자기 모습을 비춰보면서 활기차고 밝고 즐겁게 지내고 있는지 확인하는 것입니다.

두 번째는 옛것, 즉 역사입니다. 미래에 무슨 일이 일어날지는 아무도 모릅니다. 따라서 안타깝게도 미래를 대비할 수 있는 교재는 역사밖에 없습니다. 세상사의 거대한 흐름은 과거 역사를 살펴보면 유추할 수 있습니다.

단적으로 말하면 인간의 뇌는 1만 년 정도 진화하지 않았기 때문에 지금 인간 세계에서 벌어지고 있는 일은 과거에 있었던 일의 새로운 버전에 불과합니다.

과거의 다양한 사례를 배우고 알아두면 의사 결정을 내릴 때 그 안에서 최적의 것을 선택하거나 그걸 힌트 삼아 유추해낼 수 있습니다. 그러면 신속하고 적절하게 결정할 수 있습니다.

반대로 이런 지식이 없는 상태에서는 판단을 내리기 위한 재료가 부족하기 때문에 그로 인해 방황하거나 불안해질 수 있습니다. 좀처럼 의사 결정을 내리기가 쉽지 않습니다. 그렇기 때문에 훌륭한 의사 결정을 내리기 위해서는 역사를 배우는 것이 중요합니다.

마지막으로 사람이란, 내 옆에서 솔직하게 "당신은 틀렸다"라고 직언해줄 사람을 말합니다. 인간은 자기만의 생각에 빠져

폭주할 때 대개 틀린 길로 갑니다. 선입견만 더욱 강해져서 세상의 실체를 보지 못하기 때문이지요.

그런 사태를 피하기 위해서라도 자신의 잘못을 지적해줄 친구를 곁에 두고 그의 말에 귀를 기울여야 합니다. 태종은 그 중요성을 잘 알고 있었습니다.

그리고 실천에 옮겼습니다. 2장에서 언급했듯이 태종은 라이벌이었던 자신의 형을 죽인 뒤 형의 가신이었던 위징을 참모로 고용했습니다. 위징의 충고를 새겨듣고 정치에 반영했지요. 황제의 자리에 있으면서도 자신을 향한 지적과 조언을 적극 받아들인 것입니다. 태종이 명군이라 불리는 연유를 이런 부분에서도 엿볼 수 있습니다.

건강 관리, 역사로부터 배우는 자세, 잘못을 지적해주는 친구. 이 세 가지 거울은 저 역시 의사 결정을 내릴 때 무엇보다 중시하는 것들입니다. 그다음에는 앞서 언급한 숫자와 사실을 바탕으로 논리를 세워 거듭 생각하고 집중해서 암반에 닿을 때까지 파고들어가 숙고합니다. 그러면 대개의 경우 스스로 납득할 만한 답을 발견할 수 있습니다.

그만큼 깊이 생각했는데도 여전히 헷갈린다면 마지막엔 동전 던지기로 결정하는 것이 저의 의사 결정 방식입니다. 동전을 던져서 앞면이 나오면 A안, 뒷면이 나오면 B안으로 결정하는 겁니다. 암반 끝까지 파내려갔는데도 여전히 결정을 못 내리지 못하겠다면 아무리 중요한 의사 결정이라도 마지막엔 이렇게 정해야 합니다.

중대한 결정을 그렇게 대충 하느냐고 의아하게 생각하는 사람이 있을지 모르겠습니다. 하지만 그래도 괜찮습니다. 왜냐하면 열심히 고민해도 답을 찾을 수 없다는 것은 결국 어느 쪽을 골라도 크게 나쁘지 않다는 의미니까요. 어느 쪽을 선택하든 큰 차이가 없습니다.

그렇다면 그 이상 고민해도 의미가 없지요. 동전 앞뒷면으로 정해버리는 겁니다. 그렇게 했는데 잘 안 됐다면 거기서 다시 시작하면 됩니다. 그러면 되는 일입니다.

위험한 독서를
경계하라

세상사를 자기 머리로 판단하고
자신의 언어로 표현할 수 있도록,
바로 그걸 위해 공부하는 것입니다.

-야마모토 요시타카

야마모토 요시타카山本義隆는 재야에서 활동하는 과학사가입니다. 《과학의 탄생磁力と重力の発見》 등 훌륭한 책을 여러 권 출간했고 오랜 세월 입시 학원에서 이름난 물리 강사로 활약하기도 했습니다.

한번은 어느 인터뷰에서 "사람은 무엇을 위해 공부하는가?"라는 질문에 "세상사를 자신의 머리로 판단하고 자신의 언어로 표현할 수 있기 위해서"라고 대답했습니다.

정확한 말이라고 생각합니다. 앞에서 저는 '지식을 쌓지 않으면 생각할 수 없다'라고 말했습니다. 그런데 주변을 보면 열심히 지식만 쌓고 멈춰버리는 사람들이 종종 있습니다. 생각하는 작업을 거의 하지 않고 아웃풋을 전혀 만들지 않는 것입니다.

공부와 배움에서 인풋과 아웃풋은 한 세트입니다. 이 두 가지를 같이 하지 않으면 힘들게 지식을 머릿속에 넣어도 피와 살이 되지 못합니다. 시간이 지나면 자칫 망각의 저편으로 사라지기 쉽습니다.

그런데 아웃풋이란 무엇일까요? 그 기본은 언어화입니다. 인풋한 내용을 타인의 언어로 남겨두는 게 아니라 자신의 머릿속에서 곱씹은 뒤 자신의 언어로 바꾸는 것입니다. 그 작업을 거칠 때 비로소 머릿속 사전을 정리할 수 있습니다.

정리를 잘 해두면 꺼내기도 쉽습니다. 스르륵 서랍 문을 열고 필요한 지식을 꺼내 쓸 수 있습니다. 반대로 언어화 작업을 거치지 않으면 기껏 저장해둔 정보는 머릿속 장롱 안에서 뒤죽박죽 섞이고 맙니다. 경우에 따라서는 장롱 밖으로 삐져나옵니다. 다른 말로 하면 피와 살이 되지 못한 것입니다. 자기 것으로 체화하지 않았기 때문에 필요할 때 꺼내 쓰기는커녕 금세 잊어버리고 맙니다.

일본에서 경영학자 피터 드러커Peter Ferdinand Drucker는 인기가 무척 많습니다. 독자도 많고 팬도 많습니다. 물론 제가 좋아하는 학자 중 한 명이기도 합니다.

그렇다면 그가 살았던 미국에서는 어떨까요? 한 드러커 연구자에게 물어보니 그의 책 출간 부수를 인구수로 나눠보면, 전체 미국인 가운데 드러커를 읽은 사람의 비율이 일본의 3분의 1에 불과하다고 합니다.

이 숫자도 놀라웠지만 훨씬 의아했던 부분은 일본에선 드러커를 읽은 사람이 이렇게 많은데 왜 미국만큼 벤처 기업이 많지 않을까 하는 점이었습니다.

현재 세계 경제를 견인하는 것은 GAFA, 즉 구글, 애플, 페이스북, 아마존과 그 예비군으로 주목받고 있는 신흥 유니콘 기업들입니다.

일본경제신문에 따르면 2019년 7월 말 기준, 전 세계적으로 380개의 유니콘 기업이 서식하고 있는데 미국 실리콘밸리를 중심으로 약 200개, 중국 북경밸리를 중심으로 약 100개가 있다고 합니다. 그에 반해 일본에는 겨우 3개가 있습니다. 명목 GDP 세계 3위인 경제 대국의 체면이 말이 아닙니다. 일본에서는 벤처의 싹이 자라나지 못합니다.

일본의 드러커 애독자 비율은 미국의 3배지만 일본에서는 벤처가 크게 성장하지 못하고 있습니다.

이유는 명백합니다. 아무리 드러커를 읽어도 '훌륭한 책이다!' 하고 멈춰버리니까요. 거기서 얻은 지식이나 아이디어를 자기에게 맞는 형태로 수정해서 실행에 옮기는 경우가 압도적으로 적은 것입니다.

냉정하게 말하면 일단 드러커를 읽기는 하지만 자기 머리로는 생각하지 않는 것입니다. 단순히 읽고 만족하는 상태는, 비유하자면 어느 가게에서 과거 여러 차례 로또 1등 당첨자가 나왔다는 말을 듣고 오로지 그 가게에서만 복권을 사는 거나 마찬가지입니다. 언어를 그대로 흡수하고 전혀 자기 머리로 생각하지 않는 거지요.

이런 상태라면 계속 복권을 사봤자 평생 당첨되지 않을 확률이 높습니다. 드러커뿐 아니라 인풋한 모든 지식은 어디까지나 인생의 참고서에 불과합니다. 그것을 재료 삼아 직접 생각해야 합니다. 그때 비로소 피가 되고 살이 됩니다.

인풋하면 즉각 아웃풋을 합니다. 자기만의 언어로 바꿔야 합니다. 세상에 넘쳐나는 다양한 공부법 중에서 이것이야말로 제대로 배우는 가장 확실한 방법이 아닐까요.

인생의 문장들

독서는 지식의 재료만 줄 뿐이다.
그 지식을 내 것으로 만드는 건 사색이다.

-존 로크John Locke

4장

배움과 성장의 방식

하고 싶은 일이 있는 사람이
결국 잘된다

/

나처럼 교육받지 못하고 고아원에서 자란
사람도 아직 하루에 꽃 이름 하나 정도는
외울 수 있어요.

-코코 샤넬

라이프넷생명을 경영하던 시절, 제 사무실에는 어느 승려의 이름이 별명으로 붙어 있었습니다. 바로 법현法顯이라는, 4세기부터 5세기에 걸쳐 중국 양자강 이남을 지배했던 동진이라는 나라의 승려였습니다.

인도에서 탄생한 대승불교가 중국으로 전해진 1세기 전후 이후, 중국 각지에서 불교를 믿는 사람이 늘어났지만 중요한 계율은 아직 제대로 정비돼 있지 않았습니다. 중국에 불교를 전해준 서역의 승려들이 중국어로 번역해놓은 경전을 통해서만 불교의 가르침을 얻을 수 있었기 때문이었죠.

그때부터 서서히 중국인 승려들 가운데 불교의 가르침을 직접 배우고자 인도로 가는 사람들이 등장했습니다. 그 선구자 격 인물이 법현입니다. 기록에 따르면 법현은 399년 장안(지금의 서안)을 떠나 여행길에 오릅니다. 그때 이미 60세를 넘긴 나이였습니다.

지금의 60대는 아주 건장하지만 당시의 영양 사정 등을 고려하면 그 시대의 60대는 지금의 80대 정도라고 보는 게 맞을 겁니다. 그런 고령에도 불구하고 법현은 "나는 불교의 기본을 알지 못한다"며 불교의 본고장인 인도로 공부를 하러 떠난 것입니다. 배움에 대한 법현의 의욕에 정말이지 감탄이 나옵니다.

법현의 인도 여행은 실로 엄청났습니다. 장안에서 출발하여 돈황을 거쳐 타클라마칸 사막을 건너고 7천 미터 급 산들이 이어지는 카라코룸 산맥을 넘은 다음 인더스강을 따라 내려와 굽타 왕조가 통치하던 인도에 도착했습니다. 중국에서 출발한 지 6년이나 지난 시점이었습니다.

그리고 수년간 인도 전역의 불교 성지를 순례하고 다양한 경전을 베껴 적으면서 불교에 대한 이해를 심화한 뒤 스리랑카에서 해로를 통해 중국으로 돌아왔습니다. 그때가 413년. 무려 14년에 걸친 장기 여행이었습니다.

그때 법현의 나이는 70대 중반이었을 것으로 추정됩니다. 사실 이 여행길은 몇몇 승려가 함께 나섰지만 마지막까지 살아남

인생의 문장들

은 것은 고령의 법현 단 한 명뿐이었습니다. 나머지 사람들은 여행 중간에 목숨을 잃었습니다.

그들의 명암을 가른 것은 무엇이었을까요? 목표가 있었느냐 없었느냐의 차이였다고 저는 생각합니다. 반드시 이루겠다는 강렬한 염원이 있으면 인간은 쉽게 죽지 않는 법입니다.

법현의 위업은 계속 이어집니다. 귀국 후 인생의 마지막 숙원 사업으로 자신의 여행담을《불국기佛國記》라는 책으로 남깁니다. 하고 싶은 일이 있는 사람은 정말 강합니다. 배움을 향한 지칠 줄 모르는, 무서울 정도의 열정 때문입니다.

하나를 배우면 인생은 그 하나만큼 단순해진다

제 방이 '법현'이라고 불리게 된 이유는 위의 이야기로 대략 상상이 갈 거라 생각합니다. 법현의 이야기를 젊은 직원들에게 들려주었더니 모두 자연스럽게 제 방을 '법현'이라고 부르게 된 것입니다.

제가 60세에 생명보험 벤처 회사를 창업한 일은 법현의 도전에 비하면 한참 부족한 풋내기의 도전에 불과합니다. 그러니 법현보다 젊은 제가 작은 일로 꺾이고 주저앉는다면 부끄러운 일이지요. 법현이라는 별명을 가진 작은 방에서 그런 생각을 품은 채 저는 날마다 일에 몰두했습니다.

인간은 평생 배워야 하며 또 계속해서 배울 수 있다고 생각합니다. 패션 디자이너, 코코 샤넬 Gabrielle Chanel은 이런 말을 남겼습니다.

"나처럼 교육받지 못하고 고아원에서 자란 사람도 아직 하루에 꽃 이름 하나 정도는 외울 수 있어요."

코코 샤넬은 실제로 평생 배움의 끈을 놓지 않았습니다. 제2차 세계대전과 그 이후로 한동안의 침체기는 있었지만 87세에 죽을 때까지 패션계 최전선에서 활약했습니다. 젊고 유능한 인재들이 끊임없이 등장하는 패션계에서 그런 지위를 유지할 수 있었던 것은 무엇보다 배움의 끈을 놓지 않았기 때문이라고 생각합니다.

나이를 먹으면 몸도 머리도 젊을 때처럼 빠릿빠릿하게 움직일 수 없을 때가 많습니다. 행동하는 것도, 배우는 것도, 생각하는 것도 점점 긴 시간이 걸립니다.

그렇기 때문에 일부러라도 샤넬의 말을 의식하면서 살아가고자 합니다. 하루에 단 하나라도 좋으니 뭐든 배우고자 합니다. 배움을 통해 그 하나를 알게 됩니다.

알지 못할 때는 무슨 일이든 뒤엉켜 있고 복잡합니다. 그런데 알고 나면 뒤엉켜 있던 게 풀리고 단순해집니다. 이게 바로 안다는 것의 의미입니다. 배운다는 것은 이 세계를 좀 더 단순하게 보기 위한 수단인 것입니다.

하나를 배우면 세상이 그 하나만큼 단순해집니다. 배울수록 사는 게 수월해지고 인생이 즐거워집니다. 법현처럼 평생 배움에 대한 열정을 잃지 않고 샤넬처럼 매일 하나라도 확실하게 배운다는 자세로 죽을 때까지 계속 배울 수 있길 바랍니다.

사람이 배울 수 있는 3가지 방법

> 내가 인생을 안 것은 사람을 만났기 때문이 아니라
> 책을 만났기 때문이다.
>
> -아나톨 프랑스

저는 여러 자리에서 기회가 될 때마다 사람이 배울 수 있는 세 가지 방법에 대해서 이야기합니다. 그 세 가지 방법이란 바로 사람, 책, 여행입니다. 살아 있는 인간을 만나 이야기를 나누면서 배웁니다. 동서고금의 책을 읽고 배웁니다. 세계의 여러 현장을 발로 직접 돌아보면서 배웁니다.

결국 이 세 가지 방법으로만 사람은 배울 수 있지 않을까요. 사람에게서 배우고 책에서 배우고 여행에서 배우는 겁니다. 인터넷은 어디로 갔느냐는 물음이 들리는 듯한데 유튜브는 사람, 위키피디아는 책으로 바꿔 읽으면 맞을 듯합니다.

여기서는 책에서 배우는 방법에 대해 이야기해보겠습니다. 저는 어릴 때부터 책을 무척 좋아했습니다.

지금도 가방 속에는 언제나 책이 있고 대중교통을 이용할 때는 대체로 책을 읽습니다. 그렇지 않으면 안절부절못합니다. 전철에서 독서에 너무 몰두하다가 내릴 곳을 지나치는 일도 많습니다. 20대부터 지금까지 자기 전에 1시간은 반드시 독서하는 습관을 지키고 있습니다.

라이프넷생명을 창업한 뒤로는 바빠서 일주일에 4~5권밖에 읽지 못했지만, 그전엔 고등학생 때부터 쭉 일주일에 10권 전후로 읽었습니다. APU 학장으로 취임한 뒤론 더 바빠졌지만 그래도 일주일에 3권 정도는 읽고 있습니다. 그러고 보니 저는 활자 중독에 걸린 인간이네요.

왜 이렇게까지 책을 좋아할까요. 무엇보다 책이 재미있기 때문이지만 굳이 더 이유를 찾자면, 크게는 배우는 즐거움 때문입니다. 앞에서 언급한 대로 배움을 통해 사물의 이치를 하나하나 알아가면 복잡하게 보였던 세계가 그만큼 단순해집니다. 그 기쁨과 즐거움을 어떻게 표현해야 할까요.

그리고 또 다른 이유는 저자와 직접 만나 이야기를 듣는 것과 유사한 체험을 할 수 있다는 데 있습니다. 책을 읽는다는 것은 저자의 생각을 알아가는 과정입니다. 그것은 직접 만나서 이야기를 듣는 것과 거의 같습니다.

게다가 좀처럼 만나기 힘든 유명한 사람과도 책을 통해서라면 쉽게 만날 수 있습니다. 예를 들어 해외에 사는 유명한 저자를 만나고 싶어도 그리 쉽게 만날 수 없습니다. 약속을 잡기도 어렵고 항공권과 숙박비, 식비 등을 포함하면 금전적으로도 부담이 큽니다.

반면에 그 사람이 쓴 책이라면 서점에서 쉽게 구할 수 있습니다. 유명한 저자라면 번역됐을 가능성도 크기 때문에 더욱 수월하게 읽을 수 있지요.

또 책을 통해서라면 이미 죽은 과거의 사람과도 만나서 이야기를 나눌 수 있습니다. 예를 들어 링컨과 만나고 싶다면 링컨의 말이 담긴 책을 사서 읽으면 됩니다. 책 한 권 가격으로 누구의 방해도 받지 않고 링컨을 독점한 채 그의 생각을 들을 수 있는 것입니다. 책이란 건 정말 엄청나지요.

인생을 좀 더 현명하게 살고 싶다면 책과 만날 것

책을 통한 간접 경험은 저자의 이야기를 듣는 것에서 끝나지 않습니다. 책 속에 묘사된 사건도 간접 경험이 가능합니다. 사건은 연애, 모험, 사업, 이별, 가족 문제 등 다양하지요. 문학이 그 전형입니다. 역사책을 통해서도 다양한 시대와 다양한 장소를

인생의 문장들

간접 체험할 수 있습니다. 저의 경우, 잠자기 직전에 읽은 책의 내용이 종종 꿈에 나옵니다.

하루는 로마제국 5현제 가운데 철인군주라고 평가받는 마르쿠스 아우렐리우스 안토니우스의《자성록Ta eis heauton》을 읽고 잤는데, 꿈속에서 로마군 병사가 되어 도나우강 근처에서 전투를 벌였습니다. 그런 체험을 여러 번 하고 나면 직접 경험과 간접 경험의 경계도 사실은 애매한 게 아닐까 하는 생각마저 듭니다.

19세기 말부터 20세기에 걸쳐 프랑스에서 활약했던 작가 중에 아나톨 프랑스Anatole France라는 사람이 있습니다. 지금은 별로 알려져 있지 않지만 당시엔 명성이 대단했다고 합니다. 1921년엔 노벨문학상도 받았습니다. 프루스트도 젊은 시절 그를 열렬히 지지했다고 전해집니다. 그런 그가 이런 말을 남겼습니다.

"내가 인생을 안 것은 사람과 만났기 때문이 아니라 책과 만났기 때문이다."

정말 멋진 말입니다. 결코 사람을 만나고 여행을 떠나는 등의 체험을 하찮게 여기는 것이 아닙니다. 오히려 적극 권하는 편이지만 그럼에도 불구하고 책을 통한 간접 경험은 직접 경험 못지않은 배움의 기회이며 가치 있는 일이라고 생각합니다. 저라는 인간은 50퍼센트가 책, 25퍼센트가 사람, 25퍼센트가 여행으로 이뤄진 듯합니다.

여기서 제가 실천하고 있는, 양서를 쉽게 만나는 방법을 이야기하고자 합니다. 기왕 간접 경험을 할 거라면 멋진 간접 경험을 하는 편이 당연히 더 좋습니다. 형편없는 사람을 만나는 것보다 훌륭한 사람을 만났을 때 훨씬 많은 걸 배울 수 있는 것과 마찬가지입니다.

신간일 경우, 양서를 만나는 가장 쉬운 방법은 신문 서평란을 확인하는 것입니다. 주요 신문사의 주말판에 실리는 서평란을 훑어보고 끌리는 책을 선택하면 일단 실패하지 않습니다.

신문에 서평을 쓰는 사람들은 대개 대학 교수 같은 지식인입니다. 게다가 자기 이름을 걸고 씁니다. 형편없는 책으로 부실한 서평을 썼다가는 독자들이 알아챌 것이고 무엇보다 그들 자신이 창피할 것입니다. 신문 서평란을 읽는 사람들은 대체로 책을 좋아합니다. 책에 관한 한 일가견이 있는 사람들이죠. 대충 썼다간 바로 발각되어 이 사람은 이 정도 수준이라고 낙인찍히기 십상입니다.

그래서 필사적으로 좋은 책을 선택해서 필사적으로 좋은 글을 쓰는 구조가 자연스럽게 생겨납니다. 책을 고르는 사람도 프로 지식인으로서 자신의 예리한 분석력을 대중에게 보인다는 자세로 임합니다. 그래서 신문 서평란을 보면 적어도 실패하지 않습니다.

저는 신문에서 서평란이 가장 수준 높고 가장 신뢰할 수 있는 코너라고 생각합니다. 더 말하자면, 일본의 신문사들은 '불편부

당한 중립을 지켜야 한다'라는 세상에 있을 수 없는 신조를 갖고 있기 때문에 서평으로 소개하는 책도 우에서 좌까지 균형 있게 선별하는 편입니다.

분야 또한 광범위합니다. 그래서 소개된 책들을 살펴보면 한쪽으로 치우쳐 있지 않습니다. 이런 균형 감각도 제가 신문 서평란을 활용하는 큰 이유 가운데 하나입니다.

서점에서 책을 선택할 때는 먼저 서서 읽어보는 게 가장 좋습니다. 저는 본문의 처음 5~10쪽을 읽어본 뒤 살지 말지 결정합니다. 작가는 자신이 쓴 책이 많은 사람에게 읽히길 원하기 때문에 앞부분에 공을 많이 들입니다. 앞부분이 재미없으면 나한테 맞지 않는 책이라고 단정 짓고 더 이상 보지 않습니다.

고전을 읽으면
현재가 보인다

거인의 어깨에 올라타면
더 멀리 볼 수 있다.

-베르나르 드 샤르트르

앞에서 좋은 책을 쉽게 만나는 방법에 대해서 설명했는데 좋은 책으로 결코 빠뜨려선 안 되는 것이 고전입니다. "신간보다 고전을 우선시하세요." 제가 늘 강조하는 말입니다. 독서를 한다면 먼저 고전을 추천합니다.

왜냐하면 고전은 수백수천 년이라는 오랜 세월에 걸쳐, 그것도 전 세계적으로 읽혀온 책이기 때문입니다. 즉 시간이라는 세로축, 세계라는 가로축이 몇 겹이나 교차된 거대한 시장에서 지속적인 평가가 이루어진 스테디셀러가 고전입니다.

많은 사람들이 버리기 아깝다고 판단해서 남겨놓은 것이므

인생의 문장들

로 당연히 좋은 것이지요. 고전 속 내용은 인생의 본질을 관통합니다. 읽을수록 현대를 살아가는 우리에게 끝 모를 교양의 원천이 되어줍니다.

"거인의 어깨에 올라타면 더 멀리 볼 수 있다"라는 말이 있습니다. 12세기 프랑스의 샤르트르 대성당 부속학교에서 활약했던 샤르트르 학파의 중심인물인 베르나르가 한 말로 알려져 있습니다. 베르나르는 고대 그리스의 철학자인 플라톤의 사상을 연구하고 발전시킨 학자로 유명합니다.

베르나르는 고전이나 그 저자들을 거인에 비유해 현재를 살아가는 우리가 거인의 어깨에 올라타면 거인보다 더 많이, 더 멀리 있는 것을 볼 수 있다는 의미로 이렇게 말했습니다.

제로부터 하나하나 스스로 생각하고 깨우치는 것은 엄청나게 힘든 일이며 애당초 불가능한 일입니다. 그런데 감사하게도 우리에겐 옛사람들이 남겨준 막대한 지혜와 식견이 남아 있습니다.

그 힘을 빌리면 좀 더 넓게, 좀 더 깊이 이 세계를 들여다볼 수 있습니다. 아인슈타인 역시 뉴턴의 어깨 위에 올라타서 상대성 이론을 발견했습니다.

젊은 시절 제가 고전에 심취했던 것도 바로 거인의 어깨에서 지혜를 얻는 쾌감 때문이었습니다. 어릴 때부터 책벌레였던 저는 주로 문학, 역사, 자연과학 분야의 책을 읽었습니다. 대학에 입학한 1960년대는 학생 운동이 활발했던 시기로, 도시에서 온 친구들 중에는 일찍이 고교 시절부터 마르크스와 레닌, 트로츠키 등의 책을 읽은 이들이 많았습니다.

그런데 제가 태어나고 자란 시골에는 그런 사회과학 서적이 별로 없었습니다. 도서관에는 있었을지 모르지만 그때의 저는 잘 몰랐습니다. 그래서 고등학교를 졸업할 때까지 그런 류의 책과는 전혀 인연이 없었던 것입니다.

18세에 대학에 입학하고 나서는 상황이 급변했지요. 주변에는 대도시에서 온 학생들이 많았는데, 개중에는 고교 시절부터 학생 운동을 했던 친구도 있었습니다. 그들은 자주 마르크스나 트로츠키를 운운하며 토론을 했지만 저로선 전혀 이해할 수 없었습니다. 결국엔 마르크스도 모르는 바보라고 놀림당하기 일쑤였습니다.

원래 욱하는 성격이라 그런 말을 들으니 당연히 화가 났습니다. 까짓것 읽고 말겠다는 생각으로 우선 모두의 대화에 자주 등장하는 마르크스의 저작부터 읽어보기로 했습니다. 1학년 첫 학기 때의 일입니다.

읽어보니 재미있었습니다. 친구들이 마르크스에서 더 나아가 헤겔 이야기를 많이 하니까 헤겔이라는 사람은 어떤 생각을 했을까 궁금해져서 이번엔 헤겔에 도전했습니다. 읽어나가는 사이에 칸트를 모르면 헤겔을 이해할 수 없다는 것을 깨닫고 칸트를 읽기 시작했습니다.

그렇게 거슬러 올라가다 보니 결국 아리스토텔레스와 플라톤에 이르렀습니다. 베르나르 식으로 말하면 '거인의 어깨'에 올라타서 서양철학의 흐름을 역으로 더듬어간 셈입니다. 그때 배운 거의 모든 것을《철학과 종교 전사哲学と宗教全史》라는 책으로 엮어냈습니다.

이런 체험이 겹치다 보니 현재 우리의 지식은 과거 거인들의 위대한 업적이 쌓인 결과물이라는 사실을 새삼 깨닫게 되었습니다.

여기서 고전에 대해 여러분이 많이 하는 질문에 답하고자 합니다. 바로 "추천하는 고전은 무엇인가요?"라는 질문입니다. 저의 대답은 명쾌합니다.

"고전이라면 뭐든 좋아하는 걸 읽으세요."

고전을 읽으면서 저자와 대화를 나누고 동서고금의 다양한 사건을 간접 체험하는 즐거움을 꼭 누려보기 바랍니다.

게다가 과거를 읽으면 현재를 좀 더 잘 알 수 있습니다. 러시아의 푸틴 대통령은 크림반도를 합병할 때 역사학자 올랜도 파이지스Orlando Figes가 지은 《크림전쟁Crimea》을 완독한 뒤에 그 배경 등을 이해할 수 있었다고 합니다. (크림전쟁은 1853~1856년 러시아와 오스만투르크·영국·프랑스·사르데냐 연합군이 크림반도와 흑해를 둘러싸고 벌인 전쟁으로 러시아의 패배로 끝났다-옮긴이)

한 줄씩
읽기의 힘

양서의 요약이라는 것은
전부 어리석은 짓이다.

-미셸 드 몽테뉴, 《수상록》

젊은 사람들 사이에서 문장을 건너뛰면서 읽는 속독이나 내용을 요약해주는 사이트가 유행하는 모양입니다. 그러나 저는 속독 반대파입니다. 그런 읽기 방식은 극단적으로 말하자면 있어선 안 된다고 생각합니다.

독서는 기본적으로 저자와 직접 만나서 이야기를 듣는 것입니다. 제 관점에서 속독은 눈앞의 저자에게 자세한 내용은 구구절절 말하지 않아도 좋으니 요점만 콕 집어서 얘기해달라고 하는 것과 같습니다.

열심히 이야기하는 중간에 그런 말을 들었다면 어떤 기분이

들까요? 좋은 기분은 아니겠지요. 화가 날지도 모릅니다.

　자기가 당해서 싫은 일은 상대한테도 하지 않는 게 좋습니다. 책을 쓴 저자에게도 마찬가지입니다. 속독이라는 독서 태도는 나에게 다양한 배움의 기회를 준 저자에게 너무 실례되는 행위가 아닐까요.

　속독을 여행에 비유하면 관광버스로 돌아보는 패키지여행 같은 것입니다.

　패키지여행에선 버스를 타고 차례차례 명소를 돌아봅니다. 20분, 30분 정도 둘러보고 기념 촬영을 한 뒤 곧바로 버스를 타고 다음 장소로 향하는 일이 반복됩니다. 패키지여행을 하면 일단은 여기저기 다녀왔다는 기억은 남을지 모릅니다. 하지만 한곳에서 머무는 시간이 아주 짧습니다. 그래서 풍경과 건물, 공기, 사람들에게서 무언가를 느끼거나 생각하거나 배우기 어렵습니다.

　속독도 마찬가지입니다. 속독이란 읽었다는 기억 외에는 무엇 하나 제대로 배우지 못하고 마지막 장을 넘기는 게 아닐까요. 책이라는 훌륭한 지혜의 보고를 눈앞에 두고 정말로 아까운 일이라고 생각합니다.

혼다 겐本田元은 후설과 하이데거 연구로 잘 알려진 주오대학교 명예교수입니다. 이 유명한 학자는 85세의 나이로 사망할 때까지 꾸준히 젊은 사람들과 원서 강독 모임을 가졌습니다.

모임에서 원서를 한 행 한 행 읽으면서 '저자는 왜 이렇게 생각했을까' 하고 참가자들과 함께 토론했다고 합니다. 이 방법은 그가 20세 즈음부터 시작한 독서법이었습니다. 혼다 선생은 "고전을 한 행, 한 구절 꼼꼼하게 읽으면서 저자의 사고 과정을 따라갈 때만이 인간은 유일하게 사고력을 연마할 수 있다"라고 늘 말했습니다.

이 생각은 절대적으로 옳다고 봅니다. 꼼꼼하게 읽는 것은 사고력을 키우는 훈련이 됩니다.

고전이라 불리는 동서고금의 명저는 사회과학이든 자연과학이든 분야를 불문하고 모두 저자가 신중하게 논리를 쌓아가며 쓴 책입니다.

물론 저자 개개인의 사고 습관 때문에 '이렇게 생각하고 이렇게 생각해서 이런 결론에 이르렀다'라고 명확히 적혀 있지 않을 수도 있습니다. 그렇기 때문에 더더욱 꼼꼼하게 읽으면서 저자의 사고 패턴을 그대로 모방해가는 것이 중요합니다. 그렇게 생각의 궤적을 따라가다 보면 자신의 사고력도 저절로 키워짐니다.

이런 읽기 방식은 혼다 선생 같은 학자뿐 아니라 일반인에게도 매우 중요합니다. 특히 명저라 불리는 책들은 전부 그렇게 읽어야 한다고 생각합니다. 속독은 말도 안 됩니다.

저 자신의 독서 방법도 혼다 선생과 정확히 일치합니다. 저자로부터 배운다는 자세로 한 행, 한 구절 꼼꼼하게 읽어나갑니다. 이해하지 못하는 부분이 있으면 다시 한 번 앞으로 돌아가서 반복해서 읽어봅니다. 그렇게 자기 안에서 확실히 납득할 수 있을 때까지 읽어 내려가는 것을 저는 매우 중요하게 여깁니다.

미셸 드 몽테뉴Michel Eyquem de Montaigne는 16세기 프랑스의 사상가입니다. 그는 영주 가문에서 태어나 법률을 배우고 보르도의 시장까지 역임했지만 38세에 은퇴합니다. 그 후엔 영지로 돌아가 60세 가까운 나이에 사망할 때까지 독서와 사색에 빠지거나 여행하는 생활을 이어갔습니다.

독서를 좋아했던 몽테뉴도 당연히 속독 반대파였을 거라고 짐작합니다. 당시 속독이라는 발상이 있었는지 여부는 논외로 하고요. 그렇게 짐작하는 이유는 그가 나날의 생각을 기록한, 제가 무척 좋아하는 명저 중의 명저인 《수상록Essais》에 "양서의 요약이라는 것은 전부 어리석은 짓이다"라는 명언에 있습니다.

사람은
여행으로 배운다

청년기의 나머지 시간은 여행에 쓰겠다.
세상이라는 큰 책에서 배우겠다.

-르네 데카르트, 《방법서설》

이번에는 여행에서 배우는 일에 대해 이야기해보겠습니다. 저는 여행을 무척 좋아해서 일본생명에 다니던 시절부터 여름과 가을이면 2주간 휴가를 내고 가족이나 친구와 또는 혼자서 여행을 다녔습니다. 3년 동안 홀로 런던에 부임해 있을 때도 계속 여행을 다녔습니다. 아마 지금까지 80여 개국과 1,200개 이상의 도시를 제 발로 돌아다닌 듯합니다.

대학을 졸업하고 일본의 전형적인 대기업에서 34년간 근무했는데도 "대기업 근무의 영향을 별로 받지 않으셨네요"라는 말을 종종 듣습니다. 대기업 출신답지 않다는 뜻이겠죠. 저 나름대로는 유연한 대응이 가능한 인간이라는 뜻으로 받아들이고 있습니다. 자화자찬이긴 합니다만.

만약 제가 유연하다면 그 이유는 근무지 이외의 공간에서 많은 지식을 쌓았기 때문이라고 생각합니다. 앞에서도 언급했듯이 사람은 책에서 배우고 사람에게서 배우고 여행을 통해 배웁니다. 저를 분해해보면 책이 50퍼센트, 사람이 25퍼센트, 여행이 25퍼센트쯤 될까요.

아무튼 여행을 통해 정말 많은 것을 배울 수 있었습니다. 세계가 실로 넓다는 것을 알았고 시야도 한층 넓어졌습니다.

그런 요소들은 새로운 발상을 하거나 사고력을 강화하거나 인간으로서 폭을 넓히는 데 도움이 됩니다. 인간은 역시 한 곳에 머물러 있으면 좀처럼 배울 수 없습니다. '호모 모빌리타스(움직이는 인간)'라는 말도 있는 것처럼 여행은 인간 본성 가운데 하나가 아닐까요.

역사적인 명저, 명화, 명곡 등을 남긴 사람들 중에 여행을 좋아하는 이들이 많습니다. 시대적인 영향도 있겠지만 그들은 자주 여기저기 여행을 다녔습니다. 그리고 여행을 극찬하는 말을 남기기도 했습니다.

데카르트René Descartes도 그중 한 사람입니다. 데카르트는 "나는 생각한다, 고로 존재한다"라는 명언을 남긴 프랑스의 대철학자입니다. 모든 것을 의심하고 나면 더 이상 의심할 수 없는 것에 의심하고 있는 '자신'이라는 존재가 남습니다. 데카르트의 사상으로 '나'라는 개인이 출현했고 비로소 철학은 신으로부터 떨어져 나옵니다.

엄청난 수재였던 데카르트는 20세 즈음에 대학 교육에 만족하지 못합니다. 그래서 "학교에서 배워야 할 모든 것을 배웠고 책도 전부 읽어버렸으니 이제부턴 세계를 여행하면서 세상이라는 큰 책에서 배우겠습니다"라고 선언한 뒤 대학을 떠나 여행길에 오릅니다. 그렇게 여행을 통해 배운 것들이 그의 사상을 한층 더 높은 차원으로 끌어올렸을 것입니다.

데카르트뿐 아니라 18세기부터 19세기에 걸쳐 유럽에서는 당대 최고 선진국이었던 영국의 부유층 자제들을 중심으로 대학을 졸업한 뒤 수개월에서 수년에 걸쳐 유럽 각지를 여행하는 그랜드 투어가 유행했다고 합니다. 많은 이들이 특히 프랑스와 이탈리아를 방문했습니다. 고대 로마라는 뿌리를 확실히 이해하고 그곳에서 많은 것을 배우고자 했던 것입니다. 그랜드 투어가 그 후 유럽의 지성과 예술을 더욱 풍요롭게 만들었다는 것은 의심할 여지가 없습니다.

인생에서 일이 차지하는 비율은 고작 30퍼센트

최근에 여행을 떠난 적이 있나요? 일이 바빠서 그럴 여유가 없었다면 너무 아까운 일입니다. 나중에 자세히 설명하겠지만 인생에서 일이 차지하는 시간의 비율은 고작해야 30퍼센트입니다 그렇다면 나머지 70퍼센트를 차지하는 생활이 훨씬 중요합니다. 먹고, 자고, 아이를 키우고, 놀고, 여행하는 시간 말이죠.

상사와 협상을 하든, 있는 시간을 최대한 쪼개든지 해서 꼭 여행을 떠나기를 권합니다. 제 경우 상사에게 2주간의 휴가를 허락받기 위해 닉슨과 포드 두 대통령 밑에서 국무장관을 지낸 헨리 키신저Henry Alfred Kissinger의 말을 써먹었습니다. "세상 사람들을 이해하기 위해서는 지리와 역사를 배우고 제 발로 그 토지를 걸어보는 수밖에 없다."

"키신저가 이렇게 말했다니까요"라면서 상사를 설득했던 것입니다. 그 말에 상사 역시 반론을 못하고 "그런가. 그럼 어쩔 수 없군." 하면서 승낙하더군요. 진심으로 가고 싶다는 간절함이 있다면 어떻게든 떠날 수 있습니다.

참고로 저는 여행지에서 자유롭게 끌리는 대로 다니는 편입니다. 사전에 현지에서 쓸 무제한 철도 이용권만 구입합니다. 나머지는 현지에서 결정합니다. 마음이 끌리는 대로 그때그때 가고 싶은 곳에 갑니다.

물론 모처럼의 기회니까 꼭 가고 싶은 목적지를 두세 군데 정해둡니다. 그 외엔 기차를 타고 와인을 홀짝거리다 이 마을이 재미있겠다는 생각이 들면 거기서 내려서 어슬렁거립니다. 호텔도 그렇게 내린 역에서 찾아봅니다. 가족과 여행할 때도 대체로 그런 식입니다.

　목적지를 확실하게 정한 뒤 그것만 보고 만족하는 여행은 방랑벽을 가진 저에겐 아주 힘듭니다. 목적지를 보는 것뿐 아니라 여행의 전 과정을 즐기고 싶습니다. 여행의 모든 것을 통해 최대한 많이 배우고 싶습니다. 그러기 때문에 앞으로도 시간이 허락하는 한 마음이 이끄는 대로 돌아다니는 여행을 계속하려고 합니다.

나를 성장시키는
여행이란

진정한 여행의 발견은
새로운 풍경을 보는 것이 아니라
새로운 눈을 갖는 것이다.

-마르셀 프루스트, 《잃어버린 시간을 찾아서》

여행은 새로운 깨달음의 연속입니다. 예를 들어 해외에선 열차가 늦어지는 일이 일상다반사입니다. 터무니없이 늦게 올 때도 적지 않습니다. 그럴 때 여행자인 저는 안절부절못하거나 불안해하는데 주변에 있는 그 지역 사람들은 그다지 신경 쓰는 것 같지 않습니다.

해외 여행이 그다지 익숙하지 않았던 시절엔 그런 광경을 보면 기분이 묘했습니다. 왜 아무도 당황하지 않는 걸까. 마치 열차는 원래 늦는 법이라고 여기는 듯했습니다.

비슷한 경험을 거듭하다 보면 문득, 애당초 일본의 철도는 왜 그렇게까지 제시간에 운행될 수 있는 걸까 하는 의문이 생깁니다. 거기서부터 여러 가지로 생각을 굴려볼 수 있습니다.

예를 들어 인도라는 나라를 여행하다 보면 가혹한 빈곤의 현실이 차례로 눈에 들어옵니다. 아이들은 길바닥을 맨발로 뛰어다니며 구걸하고 부모는 몸이 불편한 아이를 구경거리로 내세워 돈벌이를 합니다.

이런 광경을 보면서 이런 세계도 있다는 것을 새삼 깨닫습니다. 그렇게 새로운 세계의 존재를 알면 모든 상황을 좀 더 다면적으로 또는 깊이 들여다볼 수 있게 됩니다.

좋은 여행은 사람의 인생관을 바꾼다

여행지에서 새로운 시각을 최대한 많이 얻기 위해 제가 중요하게 여기는 것들 가운데 하나는 '뭐든 봐주마なんでも見てやろう' 정신입니다. 오다 마코토小田実가 쓴 세계 기행문의 제목이기도 합니다. 1961년에 출간됐는데 이 책에서 자극을 받고 세계로 시선을 돌린 젊은이도 많았습니다. 제 경우엔 지금도 여행지에서 오다 마코토의 정신을 흉내 냅니다. 오다 마코토가 마지막 여행을 기록한 《트라브존의 고양이トラブゾンの猫》도 매우 훌륭한 책이지요.

오다 마코토는 뭐든 봐주겠다는 정신으로 종종 숙박 시설을 등급별로 다양하게 즐깁니다. 여행 초기에는 먼저 고급 호텔에서 묵어봅니다. 그 후에는 역 앞에 있는, 1박에 5만 원 정도 하는 저렴한 숙소에서도 지내봅니다.

고급 호텔부터 젊은 사람들이 주로 이용하는 저렴한 숙박 시설까지, 이런 낙차를 경험해보면 다양한 것들이 눈에 들어옵니다. 서비스도 다르고 고객층도 다릅니다. 당연히 시설이나 구비된 물품도 다릅니다. 세상의 하늘과 땅, 양 끝을 경험해보는 사이 여러 가지를 깨닫습니다. 비슷비슷한 수준의 것들만 접하다 보면 이런 깨달음은 좀처럼 생기지 않습니다.

여행 초기에 고급 호텔을 이용하는 이유는 또 있습니다.

고급 호텔은 대개 비누나 샴푸 등 어메니티가 잘 갖춰져 있습니다. 그걸 챙겨놓았다가 나중에 저렴한 숙박 시설에 머물 때 매우 요긴하게 씁니다. 조금 쪼잔한가요.

이동 수단도 뭐든 봐주겠다는 정신으로 선택합니다. 비행기와 철도를 중심으로 배, 렌터카, 택시, 버스, 도보 등 여러 수단을 조합해서 각지를 돌아다닙니다.

먹는 것에서도 뭐든 봐주마 정신을 발휘합니다. 식당에서 먹을 때는 전체 요리와 메인 요리, 디저트와 와인까지 그 지역 것으로 주문합니다. 유럽을 여행할 때 마지막 커피까지 "이 지역에서 재배한 것으로 주세요"라고 말했다가 웃음을 산 일도 있었습니다. 여긴 유럽이니 이 지역에서 난 커피는 없다는 말이 돌아왔지요. 20세기 프랑스를 대표하는 작가 프루스트Marcel Proust는 반생에 걸쳐 쓴 엄청난 분량의 장편 소설(그런데 역시 재미있습니다),《잃어버린 시간을 찾아서À la recherche du temps perdu》에서 다음과 같은 말을 남겼습니다.

"진정한 여행의 발견은 새로운 풍경을 보는 것이 아니라 새로운 눈을 갖는 것이다."

프루스트가 말한 것처럼 여행은 새로운 시각을 확보할 수 있는 절호의 기회입니다. 여행을 통해 다양한 좌표축을 얻을 수 있습니다. 그렇게 자기 자신이 변해가는 과정이 재미있어서 과거 위인들은 모두 여행을 떠났는지 모르겠습니다.

프루스트도 젊은 시절 방문했던 베네치아에 무척 매료됐는지 그때의 체험이《잃어버린 시간을 찾아서》를 집필하는 데 큰 영향을 준 것으로 보입니다.

여행하는 동안 자기 안에 새로운 시각이 더해집니다. 그런 점이 재미있어서 저는 또다시 여행을 떠납니다.

망설여지면
일단 해볼 것

일기일회

- 이이 나오스케, 《차노유이치에슈》

'망설여질 땐 간다. 망설여질 땐 산다.' 저의 해외 여행 행동 지침입니다. 과거 해외에서 수차례 후회한 뒤에 얻은 교훈입니다. 그중 한 가지 일화를 소개합니다.

런던에서 근무할 때 일입니다. 스페인에서 일을 마치고 런던으로 돌아오려는데 이베리아항공의 파업으로 비행기가 뜨지 않는 사태가 벌어졌습니다. 다음 날 오전 중에 런던에서 긴히 처리해야 할 일이 있어서 늦어도 이른 아침에는 런던으로 돌아가야 했습니다.

그때 저는 스페인 북부 빌바오에 있었습니다. 국경을 넘어 프랑스로 들어가 고속철도를 타고 일단 파리까지 가면 런던행 비행기를 쉽게 찾을 수 있었습니다. 파리에서 첫 비행기를 타고 런던으로 돌아가면 일정을 맞출 수 있었고요.

급히 택시를 잡아타고 스페인과 프랑스의 국경까지 갔습니다. 조급한 마음으로 차창 밖 풍경을 바라보는데 '게르니카 Guernica'라고 적힌 표지판이 눈에 들어왔습니다. 화가 피카소의 유명한 작품 〈게르니카〉에 묘사된 마을이 불과 수 킬로미터 떨어져 있었던 겁니다.

1937년 스페인 내전 당시 프랑코 장군을 지지했던 나치 독일이 게르니카 마을을 공습했습니다. 마을은 완전히 초토화됐고 그 사실을 파리에서 전해 들은 피카소가 전쟁에 대한 분노를 담아 〈게르니카〉를 그렸다고 알려져 있습니다.

'게르니카'라는 표지판을 본 순간 마음속에서 들르고 싶다는 생각이 들었습니다. 그러나 다음날 아침에는 반드시 런던으로 돌아가야 했습니다. 런던 생활은 당분간 이어지니 기회를 만들어 다시 오기로 하고 결국은 마을을 지나쳤습니다.

국경을 넘어 고속철도로 갈아타고 밤 10시에 파리에 도착했습니다. 호텔에서 1박을 하고 이튿날 아침 6시 비행기로 런던에 돌아와 충분히 여유 있게 볼일을 마칠 수 있었습니다. 그런데 런던에 체류하는 동안 한 번도 게르니카에 가보지 못했습니다. 물론 지금까지도 그렇습니다.

나중에 생각해보면, 그때 잠깐 게르니카에 들렸어도 파리에 도착하는 시간이 한두 시간 늦어졌을 뿐 전체 일정에는 지장이 없었을 것입니다. 파리에 한밤중에 도착해도 아침 비행기는 탈 수 있었으니까요.

갔으면 좋았을 걸 하는 후회가 조금 남습니다. 대구(했다면)와 간(였다면)을 싫어해도 어쩔 수 없는 마음입니다.

이런 소소한 후회를 몇 번 반복하고 난 뒤 마음속으로 정한 지침이 '해외에선 망설여지면 간다. 망설여지면 산다'입니다. 왜냐하면 해외에서는 정말로 일기일회一期一會일 때가 많기 때문입니다.

반대로 망설여지면 안 해야 하는 것

'일기일회'는 다회茶會(차를 마시며 이야기를 나누는 모임-옮긴이)에서 유래한 말입니다.

이 말 자체는 막부 시대 말기의 다이로大老(쇼군 밑의 최고 권력자로 막부의 실질적 운영자-옮긴이), 이이 나오스케井伊直弼가 쓴《차노유이치에슈茶湯一会集》에 등장합니다. 다도에서 일기일회 정신의 중요성을 강조하는 책입니다.

다만, 어원은 따로 있는데 일본 다도의 성자, 센노리큐千利休의

수제자인 야마노우에 소지山上宗二가 말한 '일기일도一期一度'라고 알려져 있습니다. 지금 눈앞에 있는 손님을 맞이하는 다회가 일생에 한 번 있는 것이라 여기고 정성을 다하여 진심으로 상대를 대해야 한다는 뜻입니다.

해외 여행, 아니 인생 자체도 똑같다고 생각합니다. 시간은 얼마든지 있으니까 다음 기회에 하면 된다고 무의식중에 생각하기 쉽지만 실제로 그런 기회를 다시 갖긴 어렵습니다. 그 장소도, 물건도 지금이 아니면 사실은 두 번 다시 못 만날 가능성이 훨씬 더 큽니다.

그러므로 평생에 한 번뿐인 기회라고 생각하고 조금이라도 마음이 움직인다면 가볼 일입니다. 조금이라도 마음이 움직이면 사보고요. 물론 보석처럼 엄청나게 비싼 건 별개의 이야기입니다만.

"망설여지면 가라. 망설여지면 사라." 지인들과 함께 해외여행을 갔을 때도 이 말을 자주 했습니다. 특히 망설여지면 사라는 말은 여성들이 무척 좋아해주었습니다. "어차피 귀국하면 버릴 텐데 관두지"라고 말하는 남편에게 부인은 "그렇지만 데구치 씨는 망설여지면 사라고 했는걸요. 모처럼의 기회니까 삽시다"라며 고집을 꺾지 않습니다. 남편들은 제가 쓸데없는 소리를 했다고 속으로 불평했을지 모르겠습니다.

다만 일본에서는 망설여지면 가지 않고 망설여지면 사지 않습니다. 헷갈릴 정도면 가지 않는 편이 좋고 사지 않는 편이 좋습니다. 특히 쇼핑은 언제든지 할 수 있으니까요. 그런 자세를 견지하면서 여행과 일상 사이의 완급을 조절하고 있습니다.

참고로 앞에서 말한 야마노우에 소지의 '일기일도'라는 단어는 그가 스승인 센노리큐의 가르침을 적은 《야마노우에소지키山上宗二記》라는 책에 등장합니다. 즉 '일기일회'는 센노리큐의 철학이기도 합니다.

야마노우에 소지도 스승인 센노리큐와 똑같이 다도에서 자기만의 길을 고집한 결과, 천하를 손에 넣은 도요토미 히데요시의 분노를 사서 처형당합니다.

어쨌든 저는 '일기일회'라는 단어를 해외 여행뿐 아니라 평소 모든 행동의 지침으로 삼고 있습니다. 받은 이메일이나 DM에 가능한 한 답을 하려는 것도, 강연회가 끝나고 뒤풀이에 초대받으면 시간이 되는 한 참석하려는 것도 전부 마음 깊은 곳에서 일기일회라고 여기기 때문입니다.

아무리 가까운 길이라도 가지 않으면 닿지 못하고
아무리 쉬운 일이라도 하지 않으면 이루지 못한다.

-채근담

5장

일
잘
하
는
법

인생을 즐길 수 있을 때
일도 잘 할 수 있다

술을 들라, 그것만이 영원한 생명
청춘의 유일한 보람이니라
꽃과 술, 그대마저 설레는 이 봄
순간을 즐기라, 그것만이 참다운 인생!

-오마르 하이얌, 《루바이야트》

"일이야말로 인생에서 가장 중요하다."

세상에는 그렇게 주장하는 사람도 있지만 제 생각은 다릅니다. 일이 인생에서 차지하는 비중이 그다지 크지 않기 때문입니다. 일하는 시간을 계산해보면 확실히 알 수 있습니다. 30대 초반에 한번 계산해본 적이 있는데 1년 8,760시간 중에 일을 하는 시간은 고작 2,000시간 정도로 전체의 20~30퍼센트에 불과했습니다. 나머지 70퍼센트는 먹고 자고 놀고 육아하는 시간입니다.

일의 가치는 그 정도뿐입니다. 그런데 고작 30퍼센트에 불과한 일이 언제부터인가 인생의 행복을 재는 척도가 되어버렸습니다. 그 결과 인생을 즐기지 못하게 된 사람이 적지 않은 듯합니다. 상사의 안색만 살피느라 지치고, 바라던 직위에 오르지 못해 한탄하고, 또래보다 수입이 적으면 위축되고…….

정말로 안타까운 현실입니다. 일은 인생에서 차지하는 비중이 30퍼센트에 불과한 만큼 인생 전체를 놓고 보면 아무래도 상관없는 것입니다. 그 사람의 인생 전체를 지배하는 것이 결코 아닙니다.

인생을 즐겁게 해주는 것은 반려자이고 가족이고 허물없는 친구들입니다. 남들처럼 밥 먹을 수 있고 따뜻한 침실에서 잘 수 있고 아이를 낳아 키울 수 있고 뭐든 이야기할 수 있는 반려자와 친구가 있으면 인생은 그걸로 충분합니다. 그 사실을 확실히 인지하고 있으면 30퍼센트의 일에 휘둘리거나 고민하는 것이 얼마나 바보 같은 짓인지 누구나 알 것입니다.

하지만 그렇다고 해서 진지하게 일하지 않아도 된다고 생각하는 건 아닙니다. 오히려 그 반대입니다. 인간은 혼자선 살아갈 수 없는 동물입니다. 사람들은 모여서 사회라는 공동체를 만들고 그 안에서 사회의 보호를 받으며 살아갑니다.

이 사회에는 사회가 제대로 기능하기 위한 규칙이 존재합니다. 그 안에서 살아가는 우리는 그 규칙을 지키고 해야 할 일에 최선을 다해야 합니다. 그것이 우리가 사회에서 살아가는 데 지켜야 할 최소한의 선입니다.

만약 규칙에 얽매이지 않고 100퍼센트 자유롭게 살고 싶다면 무인도에서 혼자 사는 수밖에 없습니다. 거기선 지켜주는 사람이 아무도 없습니다. 자기 몸은 자기 스스로 지켜야 합니다. 완전한 자유란 그런 것입니다.

직장도 하나의 사회입니다. 직장에 속한 이상 상사에게 지시받은 업무가 주어집니다. 그 일을 하는 것이 그곳에 속한 사람이 지켜야 할 최소한의 규칙입니다. "이 일이 싫으니까 안 할래요"라는 말은 통하지 않습니다. 그렇다면 직장을 떠나는 수밖에 없습니다.

특정 직장에 속하지 않고 프리랜서로 일한다고 해도 마찬가지입니다. 왜냐하면 일을 하는 이상 상대는 반드시 존재하고 그 관계 또한 하나의 사회이기 때문입니다. 그곳에는 자신이 해야할 일이 반드시 존재할 것입니다.

다만 그 일을 확실히 끝낸 뒤에는 일에서 해방될 수 있습니다. 해야 할 일만 제대로 한다면 일은 정말로 아무래도 상관없습니다.

좀 더 깊이 들어가서 이야기하자면 아무래도 상관없는 것이라고 생각하기 때문에 오히려 더 과감하게 일할 수 있는 게 아닐까요. 왜냐하면 상사가 어떻게 생각하든 설사 실패하든 좌천을 당하든 어차피 아무래도 상관없는 것이니까요. 자신이 해야 할 일을 자기 신념에 따라 스스로 납득할 수 있을 만큼 진지하게 해나간다면 그걸로 충분합니다.

그것이 일에 대한 저의 기본적인 생각입니다. 아무래도 상관없기 때문에 상사의 안색을 살필 필요도 없고 역시 아무래도 상관없기 때문에 상사의 의견에 완전히 휘둘릴 필요도 없습니다. 과감하게 내가 옳다고 생각하는 방법으로 전력을 다해 파고들 수 있는 것입니다.

인생을 즐기는 궁극의 비법

오마르 하이얌Omar Khayyám은 셀주크 왕조의 유명한 정치가이자 학자 겸 시인이었습니다. 그가 남긴 4행시 '루바이'가 《루바이야트Rubáiyát》라는 작품집으로 전해오는데, 대부분이 술을 찬양하는 내용입니다. 이 사람은 오로지 술이야말로 인생이라고 노래했습니다.

그렇게 듣고 보면 어마어마한 술꾼인가 보다고 생각하는 사람도 있을 테지만 단순한 술꾼은 아니었습니다. 수학과 천문학 등의 분야에서 후세에 남는 위대한 업적을 쌓은 대정치가이자 대학자였습니다.

예를 들어 수학에서 3차 방정식의 해법을 고안한 것이 오마르 하이얌입니다. 천문학 분야에서는 현재 우리가 쓰고 있는 그레고리오력보다도 더 정확한 잘랄리력을 만들었습니다. 셀주크 왕조의 술탄, 말리크샤 1세는 그를 천문대를 관리하는 연구자로 임명하기도 했고요.

오마르 하이얌은 군주를 위해 열정적으로 일했던 고급 공무원이었습니다. 상당히 견실하게 일했던 인물입니다. 그런 사람이 '일 따위는 인생에서 아무래도 상관없다. 그보다는 술이 최고다!'라고 노래한 것이죠.《루바이야트》라는 작품 자체도 무척 매력적이지만, 작가가 어떤 사람인지 알고 나면 읽는 재미가 더욱 깊어집니다.

인생이 있어야 일이 있습니다. 인생을 즐길 수 있어야 일도 잘할 수 있습니다. 일만 하다 보면 인생도 일도 점점 지루해집니다. 오마르 하이얌의 《루바이야트》를 읽을 때마다 인생을 즐길 수 있어야만 일도 열심히 할 수 있다는 것을 실감합니다.

혹시 독자 여러분 중에 일이 너무 바빠서 인생을 즐길 시간이 없다는 분도 있을지 모르겠습니다. 그런 분들을 위해 일 이외의 70퍼센트 시간을 충실하게 보낼 수 있는 효과적인 업무 기술을 소개합니다.

그 기술이란 해야 할 일의 목적을 확실히 이해하고 집중해서 최단 시간에 마칠 수 있는 방법을 고안해두는 것입니다. 그렇게 하면 일을 빨리 처리할 수 있습니다.

젊었을 때부터 그런 입장을 고수했기 때문에 일본생명에 다니던 시절에는 "최단 시간에 문제를 해결하고 싶다면 데구치한테 물어볼 것. 대신 재미도 없고 무미건조하지만……"이라는 말을 자주 들었습니다.

최단 시간을 추구하는 저의 방식은 재미도 없고 무미건조합니다. 미팅을 해도 오랫동안 길게 말하는 걸 기본적으로 싫어합니다. 고객이 와도 분위기를 띄우는 과정 없이 곧바로 본론에 들어갑니다. 왜냐하면 서로에게 시간만큼 귀중한 건 없기 때문입니다. 다만 이런 방식을 젊은 직원들은 별로 안 좋아합니다. 따분하다며 "처음엔 날씨 이야기 같은 것도 좀 나누고 그러세요"라고 혼난 적도 있습니다.

물론 저 역시 상황을 보고 대응하지만 기본적으로는 최단 시간에 처리할 수 있는 방법을 고민합니다. 이것이 일을 빨리 끝내는 비결이라고 생각합니다.

해야 할 일을 신속하게 끝마치고 나면 나머지 시간엔 책을 읽거나 사람을 만나거나 술을 마시거나 여행을 떠납니다. 그런 즐거운 일이 기다린다고 생각하면 갑자기 일에 대한 집중력이 높아집니다.

여담이지만 베짱이가 모든 혁신을 일으킵니다. 상사가 오후 4시에 5시간이 걸리는 업무를 지시했다고 칩시다. 성실한 사람은 곧바로 일을 시작합니다. 4+5=9이므로 밤 9시까지는 끝낼 수 있다고 계산하는 겁니다.

그런데 7시에 데이트 약속이 있는 사람은 어떻게든 3시간 만에 끝낼 방법이 없을까 필사적으로 궁리합니다. 이런 베짱이 같은 마음이 모든 혁신을 낳는 계기가 되는 겁니다. 4+5=9여선 곤란하니까요.

비즈니스의 기본,
납득할 때까지
생각하는 것

천천히 서두르라.

-옥타비아누스

비즈니스에서 성패를 가르는 주 요인은 무엇일까요? 저는 초기 단계의 계획이 확실하게 짜여 있느냐 없느냐에 달렸다고 생각합니다. 사업체를 잘 꾸려가는 방법 가운데 PDCA라는 게 있습니다. Plan(계획)→Do(실행)→Check(평가)→Action(개선)의 4단계를 반복하면서 사업을 개선해가는 방법입니다.

이 방법에 따르면 비즈니스를 성공적으로 이끌기 위해서는 최초의 계획이 무엇보다 중요합니다. 팀에 아무리 우수한 인재가 많아도 계획이 불충분한 상태에서 급하게 앞을 향해 내달리면 대개는 잘 안 풀립니다.

강연 때마다 "PDCA 중에서 평가와 개선 부분이 잘 안 풀린다"는 상담 의뢰를 자주 받습니다. 그 이유는 단적으로 말하면 애당초 계획이 제대로 갖춰지지 않았기 때문입니다.

사업 초기에 계획을 숙고하고 완벽하게 구체화해놓으면 그 후의 평가와 개선도 충분히 수월하게 진행할 수 있습니다.

예를 들어 매출을 1억 원 더 끌어올린다는 목표를 세웠다면 무엇으로 그 1억 원을 만들어낼 것인지 구체화합니다. A상품으로 5천만 원, B상품으로 3천만 원, C상품으로 2천만 원 하는 식입니다. 더 나아가 상품을 판매할 장소도 확실하게 정해놓습니다. A상품은 오프라인 가게에서 판매한다, B상품은 D대리점에서 판매한다, C상품은 인터넷으로 판매한다고 정하는 겁니다.

이렇게 구체적으로 계획을 세워두면 실제 매출을 5천만 원밖에 달성하지 못했을 때 왜 목표치의 절반밖에 달성하지 못했는지 분석하기가 쉽습니다. 그리고 실패한 이유에 근거해 계획을 다시 살펴보고 확실히 개선해나갈 수 있습니다. 이런 과정을 반복하다 보면 사업은 틀림없이 잘 굴러갈 거라 생각합니다.

그런데 아무래도 인간 본연의 급한 성정 때문인지 많은 사람들이 머리로는 계획의 중요성을 이해해도 자기도 모르는 사이에 계속 앞으로 서둘러 나아가려고 합니다. 머릿속으로 찬찬히 생각하기보다 한시바삐 움직이려고 합니다. 특히 행동력이 있는 사람일수록 그런 패턴에 빠지기 쉽습니다. 할 수 있을 것

같다는 느낌이 들면 계획은 대충 세워두고 행동에 옮기려고 합니다.

그런 설레는 기분을 꾹 누그러뜨리고 침착하게, 찬찬히 신중하게 생각하는 것이 중요합니다. 스스로 납득할 수 있을 때까지 거듭 따져보는 겁니다. 이것이 비즈니스, 더 나아가 인생을 확실하게 궤도에 올리고 제대로 꾸려나가는 비결이 아닐까요.

후계자로 자신과 전혀 다른 유형을 선택하다

로마제국의 초대 황제이자 후에 아우구스투스라고 불리는 옥타비아누스Augustus는 "천천히 서두르라"라는 말을 즐겨했다고 합니다. 이 문장을 집무실 벽에 걸어놓고 늘 바라보았다는 전설도 남아 있습니다.

"천천히 서두르라"는 말은 급할수록 돌아가라, 천천히 착실히 행동하는 것이 성공으로 가는 가장 빠른 지름길이라는 의미입니다.

옥타비아누스는 로마제국의 기초를 닦은 영웅, 카이사르의 조카의 아들입니다. 10대 때 카이사르의 눈에 들어 후계자가 되었고 훗날 로마를 통일하고 초대 황제가 됩니다.

옥타비아누스는 매우 뛰어난 황제로, 카이사르가 그려놓은 큰 그림을 훌륭하게 구현했습니다. 로마제국에 안정과 평화를 가져왔고 그 결과 로마는 거의 200년간 '팍스 로마나(로마의 평화)'라고 불리는 번영의 시대를 맞이합니다. 이 정도의 위업을 달성한 옥타비아누스도 대단하지만 아직 10대 소년이었던 그에게서 그런 재능을 발견한 카이사르도 대단합니다.

원래 옥타비아누스는 카이사르와 전혀 다른 유형의 인물이었습니다. 카이사르는 문무를 겸비한 수재로 강건하고 남을 잘 속이고 여자들에게 인기가 많은 매력적인 영웅 그 자체였습니다. 반면에 옥타비아누스는 허약하고 전쟁에서도 잘 활약하지 못하고 그다지 인기도 없는 별로 매력적이지 않은 인물이었습니다. 그렇지만 현명했습니다. 그 점을 카이사르가 꿰뚫어 본 것입니다.

카이사르의 비범함은 자신과 전혀 다른 유형의 인물을 후계자로 선택하는 도량에서 잘 드러납니다. 유능한 사람은 대체로 자신과 비슷한 사람을 선호하는 경향이 있습니다. '내가 젊을 때와 똑같다'라는 느낌 때문이지요.

이야기가 조금 벗어났는데 옥타비아누스의 격언으로 다시 돌아가보겠습니다. 옥타비아누스는 앞의 내용을 통해서도 대략 상상할 수 있듯이 매우 진중한 인물이었던 것 같습니다.

그는 "대담한 지휘관보다 주의 깊은 지휘관이 낫다" "완벽하게 할수록 빨리 할 수 있다"라는 말도 남겼습니다.

제가 흥미로웠던 부분은 그 정도로 사려 깊은 인물이 왜 "천천히 서두르라"라는 격언을 중시했는가 하는 점입니다. 원래 신중한 사람이니까 구태여 "천천히 서두르라"는 말을 곱씹을 필요가 없지 않았을까요?

여기서 저는 이 말이 지닌 설득력을 다시 생각합니다. 옥타비아누스 같은 신중한 인물이라도 실현하고 싶은 꿈 앞에서는 자기도 모르는 사이에 조급하게 움직이려고 한 적이 있지 않았을까요? 서두르다 보면 일을 그르치기 쉽습니다. 그렇기 때문에 옥타비아누스는 자기 자신에게 경고하기 위해서라도 이 격언을 언제나 가까이에 두고 곱씹었던 게 아닐까 생각합니다.

그 정도로 인간은 성미가 급한 동물이며 이런 성급함이 실패의 원흉으로 작용하는 일도 많습니다. 옥타비아누스의 이 이야기는 계획이 얼마나 중요한지를 이야기해줍니다.

다만, 아무리 주도면밀하게 계획을 세워도 그것을 실행에 옮기지 않는다면 이야기는 달라집니다. 가끔 그런 사람들도 있는데, 그처럼 엉덩이가 무거운 사람에겐 걸으면서 생각하는 정도의 마음가짐도 필요하지 않을까 싶습니다.

물론 납득할 때까지 숙고해서 계획을 수립한 뒤의 일입니다.

인생의 문장들

상대는 당신의 말이 아니라
행동을 본다

여기가 로도스섬이다.
여기서 뛰어.

-《이솝 이야기》

헬프데스크협회의 일본 법인인 HDI 재팬은 생명보험 업계를 대상으로 HDI 안내 데스크 등급을 매기고 있습니다. 라이프넷생명은 감사하게도 창업 3년째가 되는 해부터 콜센터와 웹사이트 부문에서 최고 등급인 별 3개를 7년 연속 수상했습니다. 그 비결을 알려달라며 다른 회사에서 강연을 의뢰해주시는 일이 종종 있었습니다.

어느 날 강연이 끝나고 뒤풀이 자리에서 콜센터를 담당하는 다른 회사 임원 분이 이런 고민을 털어놓았습니다. "저는 언제나 '콜센터는 고객과의 접점이기 때문에 기업에서 가장 중요한 부문이니 열심히 해주세요'라고 입이 아프게 말하는데 직원들에겐 진의가 거의 닿지 않는 것 같습니다."

그래서 제가 "콜센터에 얼마나 자주 방문하십니까?"라고 물었더니 그는 "본사와 떨어져 있어서 반년에 한 번 꼴입니다"라고 답했습니다. 진의가 겉돌기만 하고 가닿지 않는 이유가 거기에 있다는 생각이 들었습니다. 만남의 횟수가 적었던 것입니다.

인간관계에서는 서로 얼굴을 맞대고 만나는 일이 아주 중요합니다. 얼굴을 자주 마주하면 "콜센터는 중요하니까 열심히 해주세요"라고 입 아프게 말하지 않아도 상대에게 그 마음이 전해지는 법입니다. 반대로 아무리 훌륭한 말이라도 전화나 이메일로만 전한다면 상대에겐 거의 가닿지 않습니다.

인간이란 그런 존재라고 생각합니다. 인간은 상대의 말이 아니라 행동을 봅니다. 상대방이 자신을 위해서 어느 정도 시간을 쓰고 행동에 나서는지를 보고 상대의 진심 여부를 판단합니다.

예를 들어 상사가 부하 직원에게 "자네를 이만큼 생각하고 있다네"라고 열정적으로 이야기를 해도 시간을 들여 면담을 하지 않고 함께 밥을 먹지 않는다면 어떨까요. 부하 직원은 틀림없이 이 상사는 말뿐이라고 생각할 것입니다. 상사가 부하를 위해 시간을 거의 쓰지 않으니까요.

인간은 자신을 위해 시간을 할애해주는 사람에게 애착을 느끼는 동물입니다.

그 지표가 되는 것이 실제 행동이 아닐까요.

행동하지 않는 것은 진심이 아니라는 것

원래 인간은 진심에서 우러나는 일일수록 쉽게 행동에 옮깁니다. 진심으로 좋아하면 프러포즈도 할 수 있습니다. 진심으로 중요하다고 여기거나 하고 싶다는 생각이 들면 그 방향으로 자연스럽게 몸이 움직이는 법입니다.

실제로 저는 주말을 포함해 거의 매일 라이프넷생명의 콜센터에 나가서 직원들의 안색을 살폈습니다. 직원들의 업무 태도를 보고 싶다거나 리더로서 직원들의 사기를 끌어올리기 위해서라기보다는, 순수하게 일을 하고 있을 때 그들의 안색이 궁금했기 때문입니다. 직원들이 밝고 씩씩하게 즐거운 표정으로 일하고 있으면 고객과의 상담도 잘할 것이라고 저 나름대로 안심할 수 있었습니다.

같은 건물 안에 있었기 때문에 오가기 쉽다는 장점도 있었습니다만 우선은 그런 마음에서 자연스럽게 콜센터로 발길이 향했던 것입니다. 또 새로 입사한 콜센터 직원에게 회사의 경영 이념을 설명하는 것도 저의 역할이었습니다.

젊은 시절 이런 일이 있었습니다. 일본경제신문 인터뷰에 등장한 어느 경영자의 말에 뼛속 깊이 감동한 저는 그 회사에 근무하던 동창에게 전화를 걸었습니다.

"오늘 일본경제신문을 읽어보니 너희 회사 경영자가 멋진 이야기를 하더라."

그런데 친구는 "그건 듣기 좋은 소리 하는 거고 속마음은 완전 딴판이야"라고 말했습니다.

결국 그 기사는 보여주기용이었던 것입니다. 진심이 아니었던 거지요. 그래서 행동이 따르지 않았고 직원들은 그 점을 간파하고 있었던 것입니다.

고대 그리스의 우화집 《이솝 이야기Aesop's Fables》의 〈허풍선이 여행자The Boasting Traveler〉에는 "여기가 로도스섬이다. 여기서 뛰어"라는 대사가 나옵니다.

허풍선이가 어느 마을에서 사람들에게 자랑을 합니다.

"로도스섬에서 열린 높이뛰기 대회에서 일등을 했어. 그때 모두들 로도스섬에 있었다면 내 실력이 얼마나 대단했는지 볼 수 있었을 텐데."

그러자 마을 사람 하나가 이렇게 말했습니다.

"굳이 로도스섬에 안 가도 지금 당장 여기서 뛰어보면 얼마나 잘하는지 알 수 있지 않겠나. 여기가 로도스섬이다. 자, 뛰어보시지."

그 말을 듣고 허풍선이가 당황해서 도망쳤다는 이야기입니다.

이 우화가 주는 교훈은 입으로 아무리 멋진 말을 해도 행동이 따르지 않으면 아무 의미가 없다는 것입니다. 그리고 앞에서도 썼듯이 사람은 진심에서 우러나는 일이라면 저절로 행동에 옮깁니다. 설사 그곳이 로도스섬이 아니라고 해도요.

일할 때
화를 다스리는 법

강한 사람은 상대를 쓰러뜨리는 사람이 아니라
화가 날 때 자제할 줄 아는 사람이다.

-무함마드

《하디스hadith》는 이슬람교를 창시한 무함마드Muhammad의 언행록입니다. 무함마드가 신의 계시를 듣고 정리한《코란》과 함께 이슬람교의 골격을 이루는 경전입니다.

무함마드는 생각할수록 종교가로서 정말 독특한 인물입니다.

40세쯤에 신의 계시를 받고 종교 활동을 시작했지만 그전까진 교육을 받지 않아서 글씨도 쓸 줄 몰랐던, 당시로서는 지극히 평범한 상인이었습니다. 게다가 신의 언어를 전달하는 예언자가 된 뒤엔 포교 활동을 하면서 메디나라는 지역의 정치 지도자로 활약했고 훗날 군사 지도자로서 메카를 쓰러뜨리기에 이릅니다. 그리고 630년에는 이슬람교를 기반으로 한 국가를 건설합니다. 그로부터 2년 뒤 아홉 명의 아내 중 특별히 총애했던 아이샤의 품 안에서 영면에 듭니다.

무함마드는 이처럼 행복한 인생을 보낸 상식적인 인물이면서도 현실적인 실무 능력이 매우 뛰어난 사람이었습니다.

똑같은 종교 창시자라도 예수나 붓다와는 분위기가 상당히 다릅니다. 예수와 붓다의 경우 평범한 인간을 넘어선, 어딘가 신다운 면모가 엿보이니까요.

지극히 인간적인 무함마드의 언행록이기 때문에《하디스》라는 책이 더욱 가치가 있다고 생각합니다. 우리 일반인도 무함마드처럼 노력 여하에 따라 성취할 수 있다는 점에서 말입니다.

《하디스》에서 제가 특별히 좋아하는 부분이 다음 격언입니다.

"강한 사람은 상대를 쓰러뜨리는 사람이 아니라 화가 날 때 자제할 줄 아는 사람이다."

저 역시 오랜 세월 살아오면서 진심으로 느끼는 것이 무슨 일이든 화를 내면 지는 거라는 사실입니다. 왜냐하면 분노의 감정이 마음을 지배하면 상황을 제대로 판단하는 능력이 둔해지기 때문입니다. 그럴 때 말이나 행동이 제대로 나올 리 없습니다.

그렇다고는 하나, 인간은 누구나 화가 나서 욱할 때가 있습니다. 인간은 감정의 동물이기 때문에 화가 나면 화를 냅니다. 그것도 어쩔 수 없는 일이라고 생각합니다.

그렇기 때문에 더더욱 화를 제어할 수 있는 사람은 강합니다. 무함마드가 말한 것처럼 모두가 화내는 게 당연하다고 말할 때 그 감정을 제어할 수 있는 사람은 진정한 의미에서 강한 사람입니다.

일본생명에서 근무할 때도 정말 무섭다고 느낀 사람은 그런 사람이었습니다. 펄펄 뛰고 화를 내도 이상하지 않을 상황에서조차 지극히 차분한 모습을 보였습니다. 그래서 더 무서웠습니다. 반대로 무턱대고 버럭 화부터 내는 사람은 사실 겁쟁이이며 상대가 두 배로 크게 화를 내면 금세 꼬리를 내렸습니다.

극심한 분노까지 잠재우는 법

이렇게 말하는 저도 옛날엔 화를 잘 냈습니다. 원래 성격이 급해서 화가 나면 순식간에 끓어오르는 냄비처럼 버럭 화를 내곤 했습니다.

옛날에 부하 직원이 저더러 쉽게 이길 수 있는 상사라고 하더군요. 이유를 묻자 "화내거나 웃거나 둘 중 하나니까 파악하기 쉬워서요"라는 것입니다. 부하들이 볼 때 '화를 내고 있으니 지금은 보고서를 들고 들어가지 말자'라든가 '웃고 있으니 지금이 기회다'라는 판단을 내리기 쉽다는 것입니다. 그 말을 들고 보니

인생의 문장들

과연 그렇구나 싶었습니다.

부하가 완성도가 떨어지는 보고서를 갖고 오면 화가 불같이 솟구칩니다. 폭발하려는 순간 눈치 빠른 부하 직원은 그새 사라지고 없습니다. 그 정도로 제가 파악하기 쉬웠겠지요.

어쨌든 화는 가라앉지 않습니다. 보고서를 뒤집어놓고 빨간 펜으로 '격노' 같은 단어를 씁니다. 그래도 화가 풀리지 않을 땐 격노의 3배쯤, 아니 5배쯤 된다는 의미에서 '격노^3'이나 '격노^5'라고 적습니다. 그렇게 적고 나면 어느 정도 화가 풀립니다. 그러면 보고서를 다시 부하의 책상 위에 올려놓습니다. 얼마 뒤 부하가 수정한 보고서를 들고 옵니다. 그런 일이 많았습니다.

그러다 회사를 직접 창업한 뒤로는 예전만큼 화를 많이 내지 않게 됐습니다. 옛날에 비해 인간적으로 나아져서가 아닙니다. 화낼 여력이 없기 때문입니다.

조직과 업무 내용을 처음부터 일일이 잡아야 했는데 직원도 많지 않았습니다. 화낼 여력이 있으면 직접 손을 움직여 해치우는 편이 빨랐죠.

벤처 회사를 경영하고 깨달았는데 기분 내키는 대로 화를 내는 것도 거대 조직에서 시간 여유가 충분할 때나 가능합니다. 그런 면에서 저는 아직 무함마드가 말하는 자제력이 부족합니다.

다만 자신을 다스리려는 노력은 계속하고 있습니다. 늘 완벽하게 제어하는 것은 불가능하더라도 결정적 순간에라도 제어할 수 있으면 좋겠다는 마음입니다.

저 자신을 다스리고 싶을 때 저는 호흡 사이에 틈을 둡니다. 무슨 일이 일어날 때마다 허둥지둥 안절부절못하면서 척수반사처럼 즉각 반응하는 게 아니라 일단 힘을 빼고 호흡을 가다듬습니다.

그 사이 두뇌를 풀가동시킵니다. 대관절 어떤 상황인지 생각해봅니다. 이런 습관을 갖고 있으면 설사 한순간 분노가 욱하고 올라와도 결과적으로는 눈앞의 상황을 냉정하게 대처해나갈 수 있습니다.

옛날에 들은 이야기인데 경험이 부족한 조종사는 비행 중에 이상 상황이 발생하면 큰일이 났다고 당황하면서 어떻게든 대응책을 쓰려고 한답니다. 예를 들면 급강하를 시도하는 것입니다. 고도를 떨어뜨리면 만일의 경우에 불시착을 할 수 있으니 안전하다고 생각하는 것입니다. 그런데 그런 대처가 오히려 사고 확률을 높이고 맙니다.

한편 경험이 풍부한 조종사는 그런 사고가 나도 곧바로 손을 쓰지 않고 계속 비행을 한다고 합니다. 물론 아무것도 안 하는 것은 아닙니다. 그 사이에 주의력을 집중해서 현 상황을 분석하고 원인을 생각합니다. 그리고 원인을 알게 되면 그때 비로소 손을 쓴다고 합니다.

베테랑 조종사는 원인을 모른 채로 무턱대고 대응하면 오히려 사고 위험이 커진다는 것을 잘 압니다. 그래서 일단 한숨을 돌립니다. 베테랑과 초보 조종사의 대응 방식은 일단 숨을 돌릴 수 있는지에 따라 달라진다고 해도 과언이 아니겠죠.

그 차이의 원천이 경험과 지식의 차이라고 생각합니다. 베테랑 조종사는 경험과 지식이 풍부하기 때문에 일단 한숨 돌리는 것을 두려워하지 않습니다.

이것은 조종사의 세계에 국한되지 않습니다. 경험이 많고 지식이 풍부할수록 어떤 일이 일어나도 일단 숨을 고르고 냉정하게 상황을 판단할 수 있습니다. 감정에 휘둘리는 일 없이 적절하게 행동할 수 있습니다. 그런 사람을 무함마드는 강한 사람이라고 불렀을 것입니다.

다양성을 수용하는 사람은
무엇이 다른가

내 약장 속의 약

-적인걸

사람도 조직도 다양성을 갖출수록 강해집니다. 저는 그렇게 생각합니다. 2019년 럭비 월드컵에서 8강에 들어간 일본팀은 그야말로 다양성의 보고였습니다. 역사를 봐도 다양성을 수용한 국가는 매우 강한다는 걸 실감할 수 있습니다.

저는 몽골 제국의 5대 칸, 쿠빌라이를 특별히 존경합니다. 쿠빌라이는 중국 전역을 지배하에 두고 대몽골국의 최전성기를 구축한 인물입니다. 1274년과 1281년 몽골전쟁 때 가마쿠라 시대의 일본에도 두 차례 정도 원정을 시도한 바 있습니다.

쿠빌라이가 특별히 훌륭하다고 느끼는 이유는 다양성을 유연하게 받아들이는 자세 때문입니다.

쿠빌라이는 민족과 출신에 관계없이 능력 있는 사람을 계속 등용했습니다. 예를 들어 쿠빌라이가 남송을 공략했을 때 총사령관이었던 바얀Bayan이라는 인물은 원래 일 칸국 출신이었습니다. 일 칸국은 쿠빌라이의 남동생인 홀레구Hulagu가 지금의 이란 땅에 세운 나라입니다.

바얀은 홀레구가 형인 쿠빌라이의 궁정에 보낸 신년 축하 사절단의 일원이었는데 그의 총명함에 무척 호감을 느낀 쿠빌라이가 그를 발탁해서 자기 부하로 삼았습니다. 그로부터 수년 뒤 드디어 남송을 공격하여 중국 전역을 손에 넣기 직전 환갑이 넘은 쿠빌라이는 바얀을 총사령관으로 임명합니다. 그때 바얀의 나이는 고작 40세였습니다. 유능하기만 하면 나이나 경험에 상관없이 인재를 등용한 쿠빌라이의 자세가 잘 드러나는 대목입니다.

약장 속에 다양한 약이 있다는 자신감

개인의 경우 '다양성'이란 꺼내 쓸 게 많다는 의미로 볼 수 있습니다.

"내 약장 속의 약自家藥籠中物"이라는 말이 있습니다.

당나라 시대 무측천의 지혜 주머니였던 재상 적인걸狄仁傑이 한 말로 전해집니다. 무측천은 당나라 3대 황제로 고종의 총애를 받고 황후가 된 인물입니다. 고종이 죽은 뒤 왕위를 계승할 친자식 두 명을 폐위하고 스스로 황제로 즉위해 거의 반세기에 걸쳐 국정의 실권을 장악했습니다.

적인걸은 무측천의 명을 받고 과거 시험을 통해 우수한 인재들을 모아서 당시 혼란한 정국을 바로 세우는 데 전력을 다했습니다. 그 훌륭한 수완 덕분에 무측천은 그를 '국가 원로'라고 부르며 엄청나게 신임했습니다.

적인걸이 모은 인재 가운데 원행충元行沖이라는 매우 박식한 인물이 있었습니다. 그가 어느 날 적인걸에게 "저 같은 약도 약장 속의 말단에 놓아주십시오"라고 부탁했습니다. 그때 적인걸이 한 대답이 "내 약장 속의 약"이었습니다. 다시 말해서 "자네는 이미 내 약장 속에서 빼놓을 수 없는 인물이네"라고 한 것입니다.

이 말에서 저는 적인걸의 자부심을 느낍니다. 측근 집단 안에 다양한 인재가 있으므로 무슨 일이 생기든 대부분 대응할 수 있다, 어떤 일이 일어나도 걱정할 것 없다는 자부심 말이죠. 그 후 당나라 현종 때 태평성대를 이끌었던 우수한 관료들은 모두 이 약장 속에서 나옵니다.

아무 편견 없이 좋다고 스스로 판단했다면 무엇이든 수용하

인생의 문장들

는 자세. 그런 자세로 살아가는 사람들은 그 넉넉한 품 덕분에 저절로 사리에 밝아지고 경험도 풍부해집니다. 만나는 사람도 다양하고 여러 방면에 걸쳐 지인이 존재합니다.

이런 사람들은 인간적으로 매우 매력적이면서도 강인합니다. 그들처럼 주변에 다양한 사람들을 두기 위해서는 자기만의 세계에 빠져들지 않도록 주의하는 것이 중요합니다. 특히 나이를 먹을수록 이 점을 강하게 의식할 필요가 있습니다.

나이가 들수록 인간은 자칫 자기 세계에 빠지기 쉽습니다. 자기가 좋아하는 것만 하고 비슷한 연배에 자기와 마음이 잘 맞는 사람들만 만납니다. 반대로 나이와 성별, 특성 등이 천차만별인 다양성의 세계에 들어가 있으면 어쩐지 불편합니다.

그러나 비슷한 사람끼리 마음이 잘 맞는 동료끼리만 만난다면 성장할 수 없습니다. 함께 모여도 비슷한 의견밖에 나오지 않고 늘 틀에 박힌 대화만 하게 됩니다. 그런 관계에 흠뻑 빠져 지내다 보면 세계는 점점 좁아집니다. 자기 자신도 활기를 잃어갑니다.

에도 시대가 바로 그런 대표적인 예입니다. 외부와의 교섭을 차단해버린 탓에 일본은 세계의 거대한 흐름에서 소외됐습니다. 신체 또한 점점 왜소해졌습니다. 일본인의 평균 신장과 체중은 에도 시대 말기가 최하위였습니다.

제 생각에 도쿠가와 정권은 일본 역사상 최악의 정권입니다.

175

정치의 가장 중요한 역할은 시민들을 먹여 살리는 것입니다. 100만 명 단위의 아사자가 나오고 국민들의 신장과 체중이 줄어들게 만든 정치 집단에 높은 점수를 줄 수는 없겠지요. 그 정권을 무너뜨린 메이지유신은 도쿠가와 시대의 250년 쇠퇴기를 되돌리기 위한 운동이었다고 생각합니다.

사실 다양성을 중시하라는 것은 저 자신을 위한 교훈이기도 합니다. 라이프넷생명을 경영할 때도 회사에 가능한 한 다양한 사람이 모이도록 신경을 썼습니다. 국적이나 학력, 남녀의 구별도 없었고 정년도 따로 정해진 게 없었습니다. APU는 더욱 다양성이 넘쳐나는 곳입니다. 6천 명의 학생 가운데 절반인 3천 명이 92개국의 여러 지역 출신으로 구성된 젊은이들의 UN 같은 곳이니까요.

저 자신도 이런 다양성의 세계에 속한 일원으로서 날마다 많은 자극을 받으며 두근두근 신나게 일하고 있습니다.

인생의 문장들

미루는 순간
운명의 여신은 달아난다

운명이 무엇을 꾸미고 있는지 아무도 모르고
언제 어디에서 얼굴을 내밀지 알 수 없으므로
운명이 미소 지을 거라는 기대는 누구나 할 수 있다.

-니콜로 마키아벨리, 《정략론》

사람의 인생은 회전목마처럼 끝없이 돌아갑니다. 행운이 영원하지도 않고 불운이 계속 되지도 않습니다. 그러므로 누구한테나 기회는 있습니다. 만약 당신 인생에 대체로 운이 안 따른다고 생각한다면 운이 안 찾아오는 게 아니라 운의 타이밍을 놓치고 있기 때문입니다.

16세기 초반 르네상스 시대의 이탈리아에서 피렌체 공화국의 외교관으로 활약했던 마키아벨리도 이렇게 말했습니다.

"운명이 무엇을 꾸미고 있는지 아무도 모르고 언제 어디에서 얼굴을 내밀지 알 수 없으므로 운명이 미소 지을 거라는 기대는 누구나 할 수 있다."

마키아벨리는 메디치 가문의 부활과 동시에 실각당한 뒤 시골에서 은둔 생활을 하면서 많은 책을 집필합니다. 책 속에서 그는 결코 아름답게 포장할 수 없는, 현실에 입각한 정치론과 전략론 등을 전개합니다. 위의 격언은 그중 한 권인 《정략론Discorsi sopra la prima Deca di Tito Livio》에 나오는 문장입니다.

운명은 누구한테나 미소 짓고 있습니다. 하지만 그 미소가 언제 찾아올지는 누구도 예측할 수 없습니다. 자리에서 물러난 뒤 운명이 두 번 다시 미소 짓지 않았던 마키아벨리가 했던 말인 만큼 남다른 무게가 느껴집니다.

지금까지 살아오면서 진심으로 느끼는 점이 '인생은 타이밍'이라는 것입니다. 무언가를 느꼈을 때 내일 하자고 결단이나 행동을 미루면 모처럼 찾아온 기회는 순식간에 달아나버립니다.

산책 중에 예쁜 꽃을 발견했다고 칩시다. 내일도 피어 있을 테니 오늘은 그냥 가자, 하고 지나쳐버리면 내일 같은 장소에서 그 아름다운 꽃을 만날 수 있을지 없을지 알 수 없습니다. 다른 사람이 꺾어버릴지도 모르고 비가 오거나 바람이 불어서 시들어버릴지도 모릅니다. 오늘이 내일도 똑같이 이어질 거라는 생각은 환상입니다.

일도 마찬가지입니다. 누군가와 의기투합해서 함께 용기가 났을 때 단숨에 시작하는 편이 대개는 잘 풀립니다.

178

반대로 모처럼 좋은 관계, 좋은 아이디어를 얻었는데 그대로 1년쯤 방치해버리면 서로 열정이 식어서 결과물을 맺지 못한 채 끝나버리기 쉽습니다. 또 타이밍이 아주 조금 어긋나는 바람에 중간에 일이 잘 풀리지 않는 경우도 많습니다.

제가 만든 말인데 "바람이 불지 않으면 연은 날지 않는다"고 생각합니다. 내가 있는 방향으로 세상이 흐르지 않을 때는 무엇을 해도 잘 안 풀립니다. 그게 세상의 이치입니다. 그럴 때는 꾹 참고 기다리는 수밖에 없습니다.

다만 흐름이 왔다고 생각하면 머뭇거리지 말고 그 바람을 타야 합니다. 기나긴 인생에서는 큰 흐름에 몸을 맡기는 것이 매우 중요합니다.

운명의 여신은 준비된 자에게만 미소 짓는다

그렇다면 어떻게 해야 그런 흐름을 하루빨리 알아차리고 정확한 타이밍에 붙잡을 수 있을까요? 안타깝게도 쉬운 방법은 없습니다. 유일하게 할 수 있는 일은 언제나 준비된 상태로 있는 것입니다. 언제 기회가 오든 문제없다는 자세로 마음을 다잡고 평소에 준비를 해두는 겁니다.

그러기 위해서는 공부와 자기 관리를 꾸준히 해야 합니다. 먼저 자신의 전문 분야나 관심 있는 부분을 평생 꾸준히 배우는 게 중요합니다. 배움이 습관이 되면 갑자기 기회가 찾아와 새로운 일을 습득해야 할 때도 금방 익힐 수 있습니다.

자기 관리는 건강 관리로 바꿔 말할 수도 있습니다. 무엇을 하든 건강한 신체와 건강한 마음이 먼저입니다. 병에 잘 걸리는 사람은 모처럼 기회가 와도 그걸 알아차리지 못하며 알아차려도 뛸 수가 없습니다.

건강 관리라고 해서 뭔가 특별한 것을 하라는 게 아닙니다. 피트니스센터에 다니거나 특별한 식사법을 실천할 필요는 없습니다. 그보다 중요한 것은 자기 신체에 대해 잘 아는 것입니다. 예를 들어 자신이 아침형 인간인지 저녁형 인간인지, 주량은 어느 정도인지 등을 알아두는 정도입니다.

그런 부분을 파악한 뒤에 매일 아침 활기차게 일어나 출동할 수 있으려면 어떤 생활을 하는 게 좋을까 곰곰이 생각합니다. 그런 다음 자기 자신을 관리해나갑니다.

술은 어느 정도 마시는 게 좋은지, 몇 시쯤 자는 게 몸이 가장 가뿐한지, 식사는 어느 정도 섭취했을 때 가장 에너지가 솟는지 등 몸을 잘 관찰하고 좀 더 잘 움직일 수 있도록 여러 선택과 판단을 내리는 것입니다. 숙취에 시달리며 출근하거나 밤샘을 밥 먹듯 해서 두뇌 회전이 안 되는 상태로 지내는 사람에게 중요한 일이 맡겨질 리 없습니다.

언제나 공부하는 자세를 잊지 않고 몸의 상태를 잘 확인하고 관리해야 합니다. 이처럼 평소에 준비해두면 좋은 흐름이 찾아왔다는 걸 느꼈을 때 전력을 다해 뛸 수 있습니다. 운명이 미소 짓는 순간 멋지게 기회를 잡을 수 있습니다.

리더에게
필요한 2가지

도덕 없는 경제는 범죄이고
경제 없는 도덕은 잠꼬대다.

- 니노미야 손토쿠, 《니노미야 옹의 야화》

이 책을 읽는 독자 가운데 독립해서 사업을 시작하려는 분이 있을지 모르겠습니다. 그분들을 위해 새롭게 사업을 시작할 때의 기본적인 마음가짐에 대해 이야기해보겠습니다. 아시다시피 저는 환갑의 나이에 라이프넷생명을 창업했는데 제가 생각하기에 규모와 상관없이 창업에서 중요한 것은 딱 두 가지입니다.

바로 간절한 염원과 산수입니다. 간절한 염원이란 이 세상을 좀 더 낫게 만들기 위해 무엇을 하고 싶은가, 무엇을 바꾸고 싶은가 하는 것입니다. 즉 세상의 어느 부분에서 어떤 역할을 담당

인생의 문장들

할 것인가에 관한 것입니다.

산수는 수지 계산입니다. 대차대조표, 손익계산서, 영업 현금 흐름표 등을 말합니다. 이것은 기업을 시작할 때뿐 아니라 NPO를 조직하거나 호흡이 긴 활동을 시작할 때도 마찬가지로 필요하다고 생각합니다.

이런 저의 생각을 대변해주는 위인의 명언이 있습니다. 에도 시대 후기, 전국 각지의 농촌 재건에 힘썼던 니노미야 손토쿠二宮尊德가 《니노미야 옹의 야화二宮翁夜話》에서 한 말입니다.

"도덕 없는 경제는 범죄이고 경제 없는 도덕은 잠꼬대다."

꿈을 말한다고 하면서 잠꼬대를 하고 있진 않은가

'도덕 없는 경제'란 극단적으로 말하면 대영제국 시절 동인도 회사에서 아편을 팔아서 돈벌이를 했던 식의 이야기입니다. 돈만 벌 수 있으면 뭐든지 좋다는 발상인 것이지요. 이런 일은 '범죄'라고 니노미야 손토쿠는 잘라 말합니다.

당연합니다. 세상을 좋게 만들고 싶다는 간절한 염원도 없이 오로지 돈만 벌고 싶다는 사업을 제대로 된 비즈니스라고 할 수 없을 것입니다. 도덕 없는 경제로서 세상에 해악을 흩뿌릴 뿐입니다.

또 하나 '경제 없는 도덕'이란 간절한 염원만 앞서 수지 계산을 제대로 하지 않은 사업을 말합니다. 손토쿠는 이것을 '잠꼬대'라고 칭하면서 일언지하에 부정합니다.

원래 인간은 동물이기 때문에 밥을 못 먹을 정도가 되면 간절한 염원이고 뭐고 눈에 안 들어옵니다. 배가 어느 정도 차 있지 않으면 마음도 불안정해지고 이성적인 사고나 행동을 하기 어렵습니다. 아무리 숭고한 행위도 배가 부른 다음에 할 수 있는 것입니다. 기본적인 생계가 해결돼야 예절을 차릴 수 있습니다.

배를 채우는 데는 돈이 필요합니다. 어떤 일을 하든 일정 수준의 돈을 벌어야 합니다. 사업을 한다면 수지 계산을 제대로 해서 함께 일하는 사람들이 제대로 생계를 꾸릴 수 있게 해줘야 합니다.

그것이 불가능한 사업은 아무리 훌륭한 이념과 사명을 내걸어도 자기만족이나 단순한 취미에 불과합니다. 손토쿠의 말은 그런 점을 예리하게 짚고 있습니다.

그런데 요즘 여러 NPO 단체가 설립되는 모습을 보면 경제 없는 도덕에 쉽게 빠지는 듯합니다.

예를 들어 힘든 사람들을 돕기 위해 사회적 기업을 시작한다고 합시다. 거기엔 뜻이 있습니다. 도덕이 있습니다. 그런데 수지 계산에 대해서 물어보면 너무도 안일합니다. 예상하는 연간 수입은 5천만 원인데 사업체를 운영하기 위해서 연봉이 5천만

인생의 문장들

원인 사람 네 명을 고용해야 한다는 식입니다. 그리고 그 차액은 기업의 기부금 등으로 메운다고 합니다. 이런 계획이 애당초 유지될 리가 없습니다.

이런 안일한 수지 계산으로는 조만간 문을 닫을 게 눈에 훤히 보여서 선뜻 응원하기 어렵습니다. 산수도 간절한 염원과 똑같이 중요합니다.

창업이나 NPO를 시작하려는 사람 중에는 간절한 염원이 넘쳐나는 사람이 적지 않습니다. 그 간절한 염원을 실현하기 위해서는 무엇보다 수지 계산을 정확히 해야 합니다. 간절한 염원을 정확한 숫자로 치환하는 작업이 필요합니다. 수익을 확실히 확보할 수 있고 수지 균형을 맞출 수 있도록 조직 구조를 정비해야 합니다. 그 점을 확실히 가슴에 새겨야 합니다.

6장

나를 지키는 힘

반려자는 내가 헤엄쳐야 할 강물, 올라야 할 나무

마치 지혜의 강인 양 뛰어들어 헤엄쳤던
저 사람의 육체, 나무인 양 기어올랐던
이 사람의 성격⋯⋯.

-마이클 온다치, 《잉글리시 페이션트》

　사람과 사람을 연결하는 것은 기본적으로 이해관계입니다. 이 점에 대해선 앞에서 언급했지만 특히 사업상의 관계는 서로 얻을 게 있을 때 맺어집니다.

　그런데 함께 사는 인생의 반려자라면 이야기가 달라집니다. 인생의 반려자는 한마디로 말하면 오랜 세월에 걸친 전인격적 관계이자 운명 공동체 같은 것입니다. 이해를 운운하는 차원의 관계가 아닙니다.

　인간관계에서 반려자와의 관계만큼 어렵고 중요한 것은 없다고 생각합니다. 왜냐하면 함께 살아가기 위해서는 자신을 완전히 드러낼 수밖에 없고 상대가 드러낸 면모를 온전히 수용하는 수밖에 없기 때문입니다. 그러기 위해서라도 상대가 어떤 사람인지 서로 깊이 이해하는 시간이 꼭 필요합니다.

그리고 인생의 반려자의 경우 눈앞에 벌어진 일만 서로 이해하고 끝낼 수 있는 게 아닙니다. 상대가 짊어지고 있는 과거의 시간과 그 사람이 태어나고 자란 땅까지 온전히 이해해야 합니다.

좀 더 나아가, 상대의 부모를 포함해 선조가 살아온 시간과 공간까지 이해해야 합니다. 즉 상대의 우주를 이해하고 끌어안는 것입니다. 우주에서 우宇는 공간, 주宙는 시간을 나타내며, 두 문자가 합쳐져 공간적·시간적 확장을 의미합니다.

누군가와 함께 생활한다는 것은 그 정도 각오가 필요한 일입니다. 미소 짓는 겉모습에 끌려 일단 사귀어보자는 식으로 시작하고 끝낼 수 없는 게 인생의 반려자라는 존재입니다.

어떤 의미에선 집보다 직장이 편하다

사람과 사람의 전인격적인 만남을 언어로 훌륭하게 표현한 문장을 어느 소설을 읽다가 우연히 접했습니다. 스리랑카 출신의 캐나다 작가 마이클 온다치Michael Ondaatje의 《잉글리시 페이션트The English Patient》입니다. 동명 영화의 원작 소설로, 소설이나

인생의 문장들

영화를 이미 알고 있는 사람도 많을 것입니다.

이야기의 무대는 제2차 세계대전 말기의 이탈리아입니다. 캐나다인 종군 간호사가 온몸에 화상을 입은 환자를 간호하고 있습니다. 그 환자는 알마시라는 헝가리의 백작으로 예전에 북아프리카 사막을 탐험하는 중에 다른 사람의 아내인 캐서린과 불륜의 사랑에 빠진 적이 있습니다.

소설 마지막에 그 사랑 이야기를 들려주는 알마시의 입에서 흘러나온 말이 이것입니다.

"마치 지혜의 강인 양 뛰어들어 헤엄쳤던 저 사람의 육체, 나무인 양 기어올랐던 이 사람의 성격……."

상대를 강과 나무에 비유해서 표현하고 있습니다. 용기를 내고 각오를 다져 상대방 속으로 뛰어들어 애써 노력한 뒤 간신히 그 강을 헤엄칠 수 있고 그 나무를 기어오를 수 있게 될 때, 그때 우리는 비로소 상대의 진면목을 알 수 있습니다. 상대방의 우주를 받아들일 수 있습니다.

인생의 반려자와 관계를 맺는다는 것은 그 정도의 각오가 필요한 일입니다.

그렇게 생각해보면 밖에서 하는 일이 훨씬 쉽습니다. 일에는 이미 명시된 명확한 규칙이 많습니다. 예를 들어 노동 법규나 취업 규칙, 경영 계획 같은 것들입니다. 일은 그런 규칙에 맞춰 주의 깊게 해나가면 해결됩니다. 그리고 대개 평상시 역량의 절반 정도를 일하는 데 쓴다면 그다지 잔소리를 들을 일도 없습니다. 저는 예전 상사한테 30퍼센트 정도밖에 쓰지 않는다고 혼이 났습니다만.

설사 싫어하는 상사나 동료가 있다고 해도 본인이든 상대방이든 어느 한쪽이 부서를 바꿔버리면 더 이상 마주칠 일도 없습니다. 결국 일은 자신의 일부만 겉으로 드러내도 그럭저럭 해나갈 수 있습니다.

반면에 인생의 반려자와 관계를 맺는 일은 그렇지 않습니다. 반려자와는 좀 더 전인격적인 관계를 맺어야 합니다. 상대방을 확실히 고려하고 행동할 필요가 있습니다. 서로를 속박하는 규율도 없고 이해타산도 얽혀 있지 않기 때문에 그야말로 인간 대 인간, 발가벗은 상태에서 관계를 맺게 됩니다. 따라서 일할 때 만나는 사람들보다 훨씬 더 많은 노력이 필요합니다.

하지만 그만큼 두 사람 사이에 견실한 관계를 구축할 수 있으면 인생의 모든 고락을 공유할 수 있습니다. 그래서 많은 사람이 결혼을 하는 거라고 생각합니다. 그리고 결혼하지 않아도 알마시와 캐서린처럼 마음으로부터 서로 만족할 수 있는 농밀하고 깊은 인연을 맺을 수 있습니다.

인생의 문장들

사랑은 인격을 키우는
소중한 기회

사랑을 할 때 사람들은
다른 어떤 때보다도 훨씬 잘 견뎌낸다.
즉 사랑이라는 이름으로
모든 것을 감내하는 것이다.

-프리드리히 니체

사랑은 맹목적이라고 합니다. 실제로 인간은 불가사의할 정도로 사랑하는 상대를 위해 엄청하게 인내하고 너그럽게 행동합니다.

보통은 약속 시간보다 30분 이상 기다리면 화를 내고 가버리지만 상대가 사랑하는 사람이면 30분이 아니라 경우에 따라서는 1시간이든 2시간이든 아무렇지도 않게 기다립니다. 그만큼 사랑할 때는 모든 사람이 최선을 다하는 때이겠죠.

인간이 동물인 이상 역시 다음 세대를 남기는 것이 가장 중요한 일입니다. 사랑이란 노골적으로 말하자면 이 사람과 함께 아이를 만들고 싶다는 뜻이기도 합니다. 물론 이것을 목적으로 하지 않는 다양한 형태의 연애도 많습니다만.

《뭐든 봐주마》의 저자, 오다 마코토는 인간은 모두 "거기서 거기" 즉 특별히 훌륭한 사람도 없고 특별히 어리석은 사람도 없으며 결국은 모두가 단순한 인간이라고 말했습니다.

저 역시 무척 공감하는 말입니다. 하지만 피차 거기서 거기인 인간일지라도 지금 이 상대가 가장 중요하게 생각되는 순간은 알아차릴 수 있습니다.

그것이 사랑입니다. 그 사랑을 성취하기 위해서는 설사 부조리한 상황과 조우하더라도 필사적으로 견디게 되고 그만큼 상대에 대해서도 관대해집니다.

"신은 죽었다"라는 말로 상징되는, 19세기 독일의 철학자 니체Friedrich Nietzsche는 유럽을 지배하던 기독교적 가치관을 부정하고 더 자유로운 발상에 따라 사물의 이치를 파악하고자 했던 인물입니다. 니체는 그런 사상을 통해 이 세계를 크게 바꿨다고 말할 수 있겠지요.

그 정도로 위대한 철학자이지만 연애는 무척 서툴렀던 듯, 그의 전기를 읽어보면 실연당한 이야기가 많이 나옵니다. 여러 여성들에게 연정을 품었지만 대부분 짝사랑으로 끝납니다. 평생 독설과 비아냥거림으로 일관했기 때문에 그다지 인기가 없었는지 모릅니다.

그런 그가 "사랑을 할 때 사람들은 다른 어떤 때보다도 훨씬 잘 견뎌낸다. 즉 사랑이라는 이름으로 모든 것을 감내하는 것이다"라는 말을 남겼으니 재미있는 일입니다. 사랑은 했지만 매번 실패로 끝났던 그 나름의 반성의 말인지도 모릅니다.

사랑은 인간의 인내심이 강해질 수 있는 더없는 기회입니다. 더 나아가 내면의 힘을 연마할 수 있는 기회입니다.

그런 사랑의 힘을 활용하지 않을 이유가 없습니다. 사랑이 성숙해지는 과정에서 인간으로서 한 단계 성장하기를 바란다면 니체의 말을 확실하게 가슴에 새겨두는 게 좋겠습니다.

좋은 반려자가 되고 싶으면 대화 학교에 가기를

한편 사랑이 무르익고 결혼을 하고 10년, 20년, 30년 시간이 지나면 사랑이니 연애니 하는 세계와는 거리가 멀어지기 쉽습니다. 상대에 대한 격렬했던 감정도 어느새 잔잔해집니다. 상대에 대한 인내심이나 관용의 마음도 안타깝지만 퇴색해갑니다.

그럴 땐 어떻게 하면 좋을까요. 열정적인 사랑의 시기가 지나간 부부를 이어주는 것은 무엇보다도 함께 지내는 즐거움이라고 생각합니다.

상대와 함께 있을 때 즐겁다는 생각이 들어야 합니다. 그때 무엇보다 중요한 것이 대화입니다. 인간은 기본적으로 언어로 커뮤니케이션을 하는 동물이기 때문에 이야기를 나눌 때 즐겁지 않으면 함께 있는 것이 고통스럽습니다.

예전에 프랑스인 친구에게 재미있는 이야기를 들었습니다.

"최고의 결혼 수업은 대화 학교에 가는 것이다."

말이란 정말로 중요합니다. 어떻게 대화하면 또는 어떤 표현을 쓰면 상대가 즐거워할까, 대화가 통통 뛸 수 있을까. 그런 부분을 결혼 전에 확실히 알아두는 것이 좋습니다.

프랑스인 친구가 가르쳐준 것이 또 하나 있습니다. "부부나 연인이 싸웠을 때는 미슐랭 가이드 식당에 가라"는 겁니다. 실제로 맛있는 음식을 먹다 보면 화를 내는 상황이 바보 같다는 생각이 듭니다. 문득 고개를 들어보면 즐겁게 대화하면서 화해하는 서로의 모습이 눈에 들어옵니다.

과연 연애의 대국, 프랑스답습니다. 부부가 좋은 관계를 구축하기 위해서 무엇이 중요한지 본질적인 면에서 확실히 이해하고 있습니다.

인간은 원래 고독하다.
그걸 잊으면 약해진다

인생은 혼자 왔다 혼자 가는 것.
남과 함께 산다고 해도 결국은 혼자.
죽음을 같이 하는 사람도 없다.

-잇펜 쇼닌

인간은 동물입니다. 그 점만은 결코 잊어선 안 된다고 생각합니다. 그런데 인간은 다른 동물에 비해 대뇌가 너무 많이 발달해 버렸습니다. 그로 인해 본래의 동물적 본능과 상충되는 행동을 하는 경우가 종종 있습니다.

육아가 좋은 예입니다. 대개의 동물은 새끼가 어느 정도 성장하면 새끼를 둥지에서 쫓아냅니다. 독립시키는 겁니다. 부모와 다 큰 자식이 언제까지나 같은 둥지에서 살고 함께 행동하는 동물은 거의 없습니다.

그러나 인간의 경우 그런 일이 왕왕 일어납니다. 특히 일본에서 그런 경향이 강합니다. 얼마 전까지 '패러사이트 싱글parasite single'이라는 단어가 유행했습니다. 패러사이트란 다른 나무에 기생해서 사는 겨우살이를 뜻합니다. 여기서는 부모에게 기생해서 살아가는 독신 자녀를 가리킵니다. 개중에는 나름의 돈벌이가 가능한데도 부모 곁을 떠나지 못하는 자식도 있습니다.

더 나아가 최근 수년 사이 문제가 되고 있는 니트NEET(일하지 않고 일할 의지도 없는 청년 무직자-옮긴이)나 히키코모리 상태의 젊은이들도 있습니다. 투병 생활 같은 특수한 사정이 없는데도 불구하고 학교도 안 가고 취업이나 아르바이트도 하지 않고 부모에게 기대어 집 안에 틀어박힌 채 지냅니다.

언제까지나 둥지를 떠나지 못하는 자식. 언제까지나 자식을 떠나보내지 못하는 부모. 동물로 치면 정말이지 기이한 모습입니다. 자식이 어른이 되기 위한 교육을 마치고 읽기, 쓰기, 계산이 가능해지면 쉽게 말해서 대학을 졸업하면 그 시점에서 쫓아내면 됩니다. 그것이 동물로서 인간의 자연스런 모습입니다. 일본의 부모도 다른 나라 사람들처럼 철저히 그렇게 해야 합니다.

개중에는 자식이 독립하지 못하는 이유로 경제적 문제를 거론하는 사람이 있습니다. 아직 독립해서 생활할 수 있을 정도의 수입이 없다는 겁니다. 그렇다면 친구 몇 명이 함께 지내면 해결됩니다. 그러면 생활비를 절약할 수 있습니다.

실제로 서구의 젊은이들 사이에서는 공동생활이 보편적입니

인생의 문장들

다. 거기서 사랑을 키워 결혼에 이르는 연인도 많다고 들었습니다. 영국 왕실의 윌리엄 왕세손과 그의 아내 케이트 미들턴도 바로 그런 경우입니다. 부모로부터 독립하고 평생의 반려자도 찾을 수 있으니 일거양득 아닌가요.

누군가와 함께 살아도 사실은 혼자

가마쿠라 시대의 승려로 정토종의 한 파인 시종時宗을 창시한 잇펜 쇼닌一遍上人은 이렇게 말했습니다. "인생은 혼자 왔다 혼자 가는 것. 남과 함께 산다고 해도 결국은 혼자. 죽음을 같이 하는 사람도 없다."

'인간은 태어날 때도 혼자이며 죽을 때도 혼자다. 그러므로 누군가와 함께 살아도 사실을 혼자다. 왜냐하면 태어나서 죽을 때까지 온전히 나와 함께해줄 사람은 없기 때문이다.' 이런 의미입니다.

잇펫은 '스테히지리捨聖(모든 것을 버린 성자-옮긴이)'로도 불렸는데 처자식을 버리고 일정한 주거지도 없이 오로지 전국을 방랑하며 사람들에게 붓다의 가르침을 전파했습니다. 죽음을 앞두고 자신이 갖고 있던 모든 경전을 불태워버렸다는 일화도 있습니다.

아무리 아끼는 것이라도 거기에 집착하지 않고 언제든 떠나보낼 각오로 살았던 사람이었습니다. 잇펜의 말처럼 아무리 사이좋은 부부라도 사랑하는 자식이라도 죽으면 남남입니다. 함께 죽을 수는 없습니다. 왜냐하면 인간은 모두 독립적인 존재이기 때문입니다.

인간이란 원래 고독한 생명체입니다. 그 점을 잊어선 안 됩니다. 아이를 키울 때도 설사 피를 나눈 내 자식이라도 나와는 별개의 독립적인 존재라는 사실을 확실하게 의식하고 어느 정도 성장하면 독립시켜야 합니다.

그것이 자식에 대한 부모의 진정한 사랑이라고 생각합니다. 부모는 때때로 자식을 그 정도로 매몰차게 대할 필요가 있습니다.

인생의 문을 닫는 법을 생각하면
새로운 인생이 보인다

여기서부턴 저 혼자 가겠습니다.

- C. S. 루이스, 《나니아 연대기》

"환갑이나 고희가 넘으면 매년 연하장은 관두고 대신 유언
장을 쓰자."

제가 최근 들어 자주 하는 말입니다. 나이를 먹으면 매년 1월
1일에는 연하장 대신에 연중행사처럼 유언장을 쓰거나 고쳐보
면 어떨까요?

그렇다면 유언장에 무얼 적을까요? 제가 권하는 건 어떤 죽
음을 맞이하고 싶은지에 대해 구체적으로 적는 것입니다.

예를 들어 연명 치료를 원하는 사람도 있고 원하지 않는 사람
도 있습니다. 장례식도 사람에 따라 바라는 모습이 다릅니다. 성

대하게 치르고 싶은 사람도 있는가 하면 가족들끼리만 모여 조촐하게 치르고 싶은 사람도 있습니다.

그처럼 자신의 인생을 어떻게 마감하고 싶은지 생각하는 바를 확실하게 기록으로 남기는 것입니다. 물론 필요에 따라 반려자나 아이들에게 남길 재산 등을 적어두는 것도 좋겠지만 그런 건 어디까지나 보충 설명입니다.

저의 경우에 지금 유언장에는 "연명 치료는 일절 안 함. 장례식은 안 해도 좋다. 무덤도 필요 없다. 화장하고 남은 재는 바다에 뿌려다오"라고 적어두었습니다.

전 세계의 모든 바다는 연결돼 있습니다. 그러므로 태우고 남은 재를 바다에 뿌리면 저는 죽어서도 전 세계를 여행할 수 있습니다. 여행을 좋아하는 저로서는 최고의 행복입니다. 하나 덧붙인다면 가족과 친구들이 전 세계 어딘가에서 바다를 볼 때마다 제 생각을 조금이라도 해준다면 그걸로 충분합니다.

유언장을 써야겠다고 마음먹은 이유는 숙부가 돌아가셨을 때의 경험 때문입니다. 어느 날 숙부가 돌연 뇌출혈로 쓰러져 의식 불명 상태가 되었습니다. 숙모는 큰 충격을 받고 의사에게 연명 치료를 부탁했습니다. "아직 살아 있으니 치료를 계속해주세요"라고요. 숙모는 쉬지도 자지도 않고 의식이 없는 숙부를 계속 간호했습니다.

그런데 숙모도 고령이었기 때문에 두 달쯤 지나서 이번엔 숙

인생의 문장들

모가 쓰러지고 말았습니다. 그때 숙모는 간신히 마음의 정리를 했는지 숙부의 연명 치료를 중단했습니다. 숙부와 숙모는 저를 무척 아껴주신, 제 인생에서 매우 소중한 분들입니다. 그래서 의식이 돌아오지 않는 숙부를 헌신적으로 간호하는 숙모의 모습을 보는 게 무척 힘들었습니다.

그때 제 의사를 생전에 표현해둬야겠다고 절실히 느꼈습니다. 숙부가 연명 치료는 일절 안 받겠다고 유언장에 적었더라면 숙모도 더 일찍 마음을 정리할 수 있지 않았을까 생각한 겁니다.

그때 이후로 저는 주변 사람들에게 유언장을 써서 자기 인생의 마침표를 어떻게 찍을지 의사 표현을 정확히 해두자고 이야기합니다.

물론 유언장은 한 번 쓰면 그걸로 끝나는 게 아닙니다. 사람의 마음은 계속해서 변하기 때문입니다. 적어도 1년에 한 번, 매년 1월 1일에 다시 살펴보고 필요에 따라 고치는 것이 좋다고 생각합니다.

인생의 문을 어떻게 닫고 싶은지 생각하는 것은 자기 인생을 다시 살펴보는 기회도 됩니다. 그 순간부터 남은 인생을 어떻게 살아가야 할지 또렷하게 보이기 때문입니다.

"여기서부턴 저 혼자 가겠습니다"

저는 영국의 작가 C. S. 루이스C. S. Lewis가 쓴《나니아 연대기 The Chronicles of Narnia》를 아주 좋아합니다.《나니아 연대기》는 사자 아슬란이 세운 나니아국의 탄생부터 멸망까지를 그린, 장대하면서도 가슴 뛰는 이야기입니다. 거기엔 매력적인 캐릭터가 많이 등장합니다.

그중에서도 제가 가장 좋아하는 건 리피칩이라는 쥐의 두목입니다. 그 기사도 정신이 충만한 두목 쥐가 한 말을 무척 좋아합니다.

"여기서부턴 저 혼자 가겠습니다."

나니아 나라의 왕자들과 동쪽 바다를 항해하던 중 배가 더 이상 앞으로 나갈 수 없게 되자 리피칩이 자신의 칼을 버린 뒤 혼자 작은 배를 타고 아슬란이 통치하는 세상 끝으로 향하면서 하는 말입니다.

더 얘기하자면 저는 아슬란의 땅을 천국으로 해석합니다. 때문에 이 말을 리피칩이 죽음을 앞두고 어떤 모습으로 죽음과 마주하고 싶은지 자신의 결의를 표명한 발언으로 받아들입니다. "여기서 이 세상의 여러분과 작별합니다. 이제부턴 저 혼자 여행을 떠나겠습니다"라고요. 리피칩의 대사와 비슷한 이야기가 있습니다. 존경하는 어느 의사 선생님의 이야기입니다.

인생의 문장들

그분이 돌아가신 것을 알고 조문을 가려고 했더니 유족 분들이 "고인이 살아 계실 때의 생각"이라며 극구 사양하셨습니다. 그로부터 일주일쯤 지났을 무렵입니다. 우편함에 그분의 편지가 와 있었습니다.

"어? 이상하다……" 하면서 봉투를 열어보니 인쇄된 인사장이 들어 있었습니다. "돌연 저세상으로 떠나게 되었습니다"라는 제목 아래 "너무 급작스런 일이라 전혀 예상하지 못했기 때문에 여러분과 제대로 인사도 나누지 못했습니다. 그동안 신세 많았습니다. 고맙습니다. 저는 저세상에 먼저 가서 여러분이 오시는 걸 기다리겠지만 여러분은 더 오래 이 세상을 위해 힘써주십시오"라는 내용이 적혀 있었습니다.

선생님은 분명 살아생전 유언장에 당신이 죽으면 이런 인사장을 지인들에게 보내달라고 적어두었겠지요. 선생님의 유머 넘치는 인품이 새삼 떠오르며 마음속에 잔잔한 감동의 물결이 일었습니다.

마지막으로 최근에 읽었던 멋진 책을 한 권 소개합니다. 세라 머리Sarah Murray의 《죽은 자를 애도한다는 것Making an Exit》입니다. 이 세상에는 인생을 마무리하는 다양한 형태가 있고 저마다 실로 깊은 의미가 있다는 걸 배울 수 있었습니다.

삶의
자양분이 되는 돈

돈은 비료 같은 것이라
뿌려놓지 않으면 도움이 안 된다.

-프랜시스 베이컨, 《베이컨 수상록》

'후회 없음. 유산 없음.'

20세 즈음부터 변함없이 지켜온 저의 신조입니다. 죽을 때 하고 싶은 일은 그럭저럭 다 했다고 생각할 수 있도록 삶을 꾸리는 게 목표입니다. 이것이 '후회 없음'입니다. '유산 없음'은 하고 싶은 것을 하려면 돈이 필요하기 때문에 자식이나 손자에게 유산을 물려주겠다는 생각은 하지 말고 하고 싶은 일을 하기 위해 지금 있는 돈을 써버리자는 의미입니다.

제가 하고 싶은 첫 번째 일은 여행 또는 방랑입니다. 그중에서도 남아메리카 대륙에 가고 싶습니다. 지금까지 우루밤바

계곡을 비롯한 잉카 제국의 옛 영토를 조금 걸어본 게 전부니까요.

그 외에는 책을 읽고 사람을 만나는 일을 좋아하는데 여행을 떠나는 데도, 책을 사는 데도, 사람들을 만나 맛있는 음식을 먹는 데도 돈이 필요합니다. 그렇게 쓰다 보면 유산을 남길 수 없겠지요.

더욱이 자식과 손자는 저와 별개의 인격체입니다. 그들은 그들 나름대로 자기 힘으로 살아가면 되는 겁니다. 오히려 부모의 돈을 기대하면 본인의 인생에도 좋을 게 없다고 생각합니다. 그래서 제가 살아 있는 동안 후회 없이 살기 위해 돈은 있는 힘껏 열심히 써버리려고 합니다.

그게 가장 좋은 인생이지요. 그것이 돈에 대한 저의 철학입니다.

반면에 저와는 정반대로 돈을 모으길 좋아하는 사람도 있습니다. 마음 깊은 곳에서 돈을 모으는 게 좋다고 생각한다면 그것도 나쁘지 않다고 봅니다. 사람은 각자 가치관이 다르니까요.

그러나 만약에 미래가 마냥 불안하다는 감정에 휘둘려 지금 하고 싶은 일이 있고 거기에 돈을 쓰고 싶은데도 꾹 참고 모으는 거라면 돈과 관계 맺는 방식을 한번 재고해보는 편이 어떨까요. 돈과 어떤 관계를 맺을 때 정말 행복한지 살펴보는 것입니다.

예를 들어 미래가 불안하기 때문에 필사적으로 돈을 모아서

3억 원 정도를 모았다고 합시다. 그걸로 80세까지는 어찌어찌 살아갈 수 있겠지만 100세까지 산다면 부족할 것입니다.

결국 노후를 위한 돈은 아무리 많이 모아도 안심하기 힘듭니다. 그것 때문에 하고 싶은 일도 참고 산다면 모처럼의 인생이 너무 아깝지 않을까요.

돈은 쓰지 않으면 단순한 종잇조각

저축에 대해 말하자면 현재 일본에는 저축을 열심히 하는 사람이 적지 않지만 원래부터 그랬던 건 아닙니다. 에도 시대의 거상들은 호화로운 유희를 즐겼습니다. "에도 사람은 하룻밤을 넘긴 돈은 지니지 않는다"는 속담도 있는 것처럼 돈 씀씀이가 큰 걸 신사의 첫 번째 기준으로 여겼습니다.

지금과 같은 저축 사랑이 시작된 것은 '1940년 체제'의 유산이라고 생각합니다. 참고로 1940년 체제는 노구치 유키오野口悠起雄 선생이 만든 말로 전시 동원 시기에 만들어진 특정 제도들을 뜻합니다.

일본은 제2차 세계대전으로 나라 전체가 불타고 사회도, 경제도 괴멸했습니다. 나라를 재건하기 위해서는 우선 돈이 필요했습니다. 그때 정부가 생각해낸 것이 우편 적금, 은행 예금, 생명 보험 등의 형태로 오로지 시민의 주머니에서 돈을 빨아들이는 방법이었습니다. 그렇게 모은 돈을 국가가 일괄 관리해서 전력과 철강 등에 투자하고 국가를 부흥하는 큰 그림을 생각한 것입니다.

그래서 그 시절에는 저축을 무척 장려했습니다. 예를 들어 우편 적금에는 3천만 원까지 이자가 비과세인 '동그라미 우(소액 비과세 제도의 통칭. 동그라미 안에 우優라는 한자어가 적힌 마크가 저축 증서에 찍혀 있었다-옮긴이)' 제도가 있었습니다.

이런 세금 우대 조치에 따라 일본인들은 기꺼이 금융 기관에 돈을 맡겼습니다. 그 결과 세상의 돈이 정확히 정부가 의도한 방향대로 흘러들어갔습니다. 이런 시대적 배경을 알면 저축에 대한 견해도 상당히 달라지지 않을까요. 1940년 체제는 이미 과거의 유물이 되었습니다. 저축에도 예전과 같은 우대 조치는 없어졌습니다. 시대가 바뀐 것입니다.

돈은 쓸 때 비로소 가치가 있습니다. 쓰지 않고 모아 두기만 하면 단순한 종잇조각에 불과합니다. 더 나아가 돈은 쓸수록 늘어나는 측면도 있습니다.

예를 들어 영업직의 경우 많이 버는 사람은 대체로 선투자를 많이 합니다. 천만 원을 벌고자 하면 먼저 천만 원을 쓰는 것입니다. 물론 이것은 투자이므로 투자한 만큼 반드시 돌아온다는 보장은 없습니다. 그런데 투자를 하지 않으면 애당초 아무것도 돌아오지 않습니다.

즉 돈은 쓰지 않으면 늘어나지 않는 것입니다.

이 법칙은 인간의 심리를 고려하면 지극히 당연합니다. 예를 들어 누군가에게 뭔가를 받으면 나도 사례를 해야겠다는 생각이 듭니다. 그 사람이 파티를 열면 샴페인을 가져가는 것이죠. 반대로 아무것도 받은 게 없으면 파티 회비만 내고 끝내기 십상입니다.

이것이 인간의 자연스러운 감정입니다. 프로 영업자들은 그점을 잘 알고 있습니다.

이 법칙을 뒷받침하는 인간 심리가 또 하나 있습니다. 일단 돈을 썼으면 본전을 뽑자는 심리입니다. 예를 들어 미국의 대학생들은 일본의 대학생들보다 훨씬 더 필사적으로 공부한다고 알려져 있습니다.

이유는 명백합니다. 그들 대부분이 돈을 빌려 학교에 다니기 때문입니다. 대출금을 갚기 위해서는 좋은 성적을 거두고 급여가 높은 기업에 들어가야 합니다. 즉 대출금을 빨리 갚자는 목표가 있기 때문에 필사적으로 공부하는 겁니다. 이것도 하나의 선행 투자 방법입니다.

영국 경험론의 선구자라고 불리는 베이컨Francis Bacon은 지식을 습득하는 과정에서 경험을 무척 중시했습니다. 그런 그가《베이컨 수상록The Essays or Counsels, Civil and Moral》에 아주 훌륭한 말을 남겼습니다. "돈은 비료 같은 것"이라고요. 그래서 "뿌려놓지 않으면 도움이 안 된다"고 했습니다.

만약 당신이 돈을 잘 못 쓰는 편이라면 베이컨의 말처럼 돈을 비료라고 생각해보면 어떨까요. 그 돈이 자양분이 되어 당신에게 소중한 무언가를 쑥쑥 키워줄 것입니다. 그렇게 생각하면 돈을 쓰는 일이 틀림없이 즐거워질 것입니다.

꾸준히
머리와 몸을 쓴다

/

사용하지 않으면 쇳덩이는 녹슬고
물은 썩거나 추위에 어는 것처럼
재능도 사용하지 않으면 녹슬어버린다.

-레오나르도 다빈치

"데구치 씨의 건강 비결은 무엇입니까?" 이런 질문을 자주 받습니다. 환갑이 지나 벤처 회사를 창업하고 고희가 지나 학장직에 도전했기 때문일 것입니다. 제 경우에 특별히 뭔가를 하는 것은 아닙니다. 다만 신경 쓰는 것은 몇 가지 있습니다.

첫 번째는 앞에서도 언급했지만 자기 관리를 확실히 하는 것입니다. 매일 아침 준비된 상태로 일어나려면 어떤 생활을 해야 하는지를 파악하고 그것을 매일 실천합니다. 나에 대해 잘 알고 그에 맞춰 관리하는 겁니다. 너무도 당연한 일이라서 건강법이라 부를 수 없을지 모르지만 매일 아침 활기찬 모습으로 출근할

인생의 문장들

수 있는 것은 이런 자기 관리 덕분이라고 생각합니다.

그리고 또 한 가지는 녹슬지 않도록 몸과 머리를 많이 쓰는 것입니다. 물건은 사용하지 않으면 녹이 습니다. 너덜너덜해집니다. 집도 마찬가지입니다. 아무리 호화로운 저택이라도 사람이 살지 않고 전혀 수리하지 않고 방치하면 순식간에 낡습니다. 물건은 사용할 때 가장 좋은 상태를 유지하는 법입니다. 사람의 신체와 두뇌도 마찬가지입니다.

사용의 중요성에 대해 레오나르도 다빈치Leonardo da Vinci가 다음과 같은 명언을 남겼습니다.

"사용하지 않으면 쇳덩이는 녹슬고 물은 썩거나 추위에 어는 것처럼 재능도 사용하지 않으면 녹슬어버린다."

즉 사용하지 않으면 그 어떤 재능이든 줄어든다는 의미입니다. 레오나르도 다빈치는 미술뿐 아니라 해부학과 비행 원리, 무기 개발, 유체 역학, 축성 등 다양한 분야에서 재능을 꽃피운 르네상스 시대의 만능 천재입니다.

그런 사람이 한 말이라고 하니 더욱 등을 꼿꼿이 세우고 열심히 새겨들어야 할 것 같습니다.

신체와 두뇌를 사용한다는 것은 어떤 의미일까요? 현대 일본인 중에는 신체와 두뇌를 사용하려면 피트니트센터에 가거나 두뇌 트레이닝을 하는 등 뭔가 특별한 일을 해야 한다고 생각하는 사람이 적지 않은 듯합니다. 그럴 필요가 없다는 것이 저의 생각입니다. 평범한 일상생활을 보낼 때 자연스럽게 두뇌와 신체를 사용하게 되기 때문입니다.

예를 들어 정년 없이 계속 일한다면 날마다 일정한 양의 업무를 수행해야 하고 사람들과 대화도 나눠야 합니다. 원하든 원치 않든 두뇌와 신체를 최대로 사용하게 됩니다.

직업이 없는 경우라도 집안일을 하거나 사람들을 만나 이야기를 나누거나 지역 활동을 하거나 책을 읽거나 여행을 떠나는 등 날마다 적극적으로 움직이면 자연스럽게 두뇌를 쓸 수 있습니다.

몸도 마찬가지입니다. 출근을 하거나 쇼핑을 하거나 집안일을 하거나 사람을 만나는 것과 같은 평범한 생활을 꾸준히 해나갈 때 나름대로 몸을 쓰고 있는 것입니다. 저는 도쿄에서 지내는 동안엔 매일 지하철로 출퇴근을 했습니다. 그것만 해도 상당한 걸음 수입니다.

일본의 경우 대기업 임원이 되면 이동할 때 대개 전용 차량을 이용하는데 이것만큼 큰 낭비가 없다고 생각합니다. 먼저 인건비가 낭비됩니다. 전용차는 사용하지 않을 때 회사 차고에 서 있습니다. 그때 많은 운전기사들이 장기나 바둑을 두면서 시간을 죽입니다. 사회적 지위를 보여주기 위해 사람들을 몇 시간씩 마냥 놀리는 것입니다. 이런 낭비가 없습니다.

전용 차량을 타지 않고 도보나 대중교통를 이용하면 꽤 많이 걸을 수 있습니다. 말인즉슨, 일부러 운동 부족을 해소하기 위해 피트니스센터에 갈 필요가 없어집니다. 전용차라는 낭비가 피트니스센터 이용이라는 더 큰 낭비를 초래하는 것입니다.

또 사지육신을 움직여서 출퇴근을 하면 자신의 신체 상태를 더욱 잘 알 수 있습니다. 그러다 나이를 먹으면 점점 출퇴근도 힘들어지는 때가 올 것입니다. 그때가 그만둘 시점입니다.

몸을 확실하게 사용하면 은퇴 시기도 정확히 알아차릴 수 있습니다. 그렇기 때문에 저는 평소에 생활하면서 몸 쓰는 것을 매우 중요하게 여깁니다. 물론 나이에 맞는 방식으로 말입니다.

라이프넷생명 시절, 육상부에 들어가려고 했다가 직원에게 한소리를 들었던 일화를 앞에서 소개했습니다. 몸을 움직인다고 무리를 하면 오히려 건강을 해칠 수 있습니다. 인간은 동물인 이상 자연스러운 형태로 두뇌와 신체를 사용하는 것이 가장 좋습니다.

부자연스러운 일이 가장 나쁘다고 생각합니다. 일본은 초고령사회에 돌입하고 있습니다. 초고령사회를 유지하는 핵심은 평균 수명이 아니라 건강 수명을 연장하는 데에 있습니다. 평균 수명에서 건강 수명을 뺀 만큼이 돌봄 비용이기 때문에 건강 수명을 연장하는 것은 돌봄의 부담을 줄이는 커다란 장점이 있습니다.

그렇다면 어떻게 건강 수명을 늘릴 수 있을까요? 많은 의료 관계자들은 이구동성으로 "일하는 것"이라고 대답합니다. 그렇다면 정년제를 폐지하고 서구 사회처럼 나이를 따지지 않는 노동 관행을 만들어가는 것이 지금 일본에 필요한 최대 정책 과제라고 해도 결코 과언이 아닙니다.

노동력이 부족한 현 상황에서는 정년제를 폐지해도 젊은이들의 일자리를 빼앗는 게 아닙니다. 라이프넷생명은 창업 때부터 정년제를 폐지하고 나이 제한 없이 직원을 채용했습니다. 60세가 넘어도 의욕과 체력과 스펙만 있으면 정직원으로 채용했습니다. 그런 정책 때문에 곤란했던 적은 한 번도 없었습니다.

적당한 술은
인생에 다양한 흥취를 돋운다

꽃은 반쯤 핀 것을 보고
술은 조금만 취하게 마시면
참된 아름다움이 그 속에 있다.

- 홍자성, 《채근담》

《채근담菜根譚》은 14~17세기 중국 명나라 때 쓰인 인생의 교훈이 담긴 책입니다. 현실적인 처세술과 '역시'라는 감탄이 나올 만큼 인생을 멋지게 즐기는 법 등이 적혀 있어서 읽어보면 무척 재미있습니다. 참고로 저자는 홍자성洪自誠이라는 사람인데 그가 어떤 인물이었는지는 거의 알려져 있지 않습니다.

《채근담》 속에 자숙의 의미까지 더해서 제가 좋아하는 말이 있습니다.

"꽃은 반쯤 핀 것을 보고 술은 조금만 취하게 마시면 참된 아름다움이 그 속에 있다."

꽃은 반쯤 피었을 때 감상하고, 술은 적당히 취했을 때 그만 마신다. 그 정도가 꽃과 술을 즐기는 최고의 방법이라는 뜻입니다.

정확한 말이라고 생각합니다. 꽃은 활짝 피고 나면 보기에도 감흥이 떨어집니다. 뿐만 아니라 향기도 없어집니다. 그렇게 활짝 핀 것보다는 아직 절반 정도 피었을 때 앞으로 더 크고 아름답게 필 거라고 상상할 수 있을 때 보는 즐거움이 가장 큽니다.

술도 마찬가지입니다. 조금 취했다 싶을 때 그만 마셔야 합니다. 그 이상 마셔서 곤드레만드레가 되면 좋을 게 하나도 없습니다. 만취해서 주변 사람들에게 피해를 줄 수도 있고 다음날 숙취 때문에 아무 일도 못할 수도 있지요. 그렇게 만날 만취 상태로 지내면 당연히 몸도 상합니다.

반대로 적당히 취하는 정도의 술은 인생에 많은 흥취를 안겨 줍니다. 예를 들어 술이 조금 들어가면 마음이 느긋해져 속마음을 쉽게 털어놓을 수 있습니다. 약간의 술을 곁들인 수다는 서로를 깊이 알아가는 기회가 되기도 합니다. 그때 서로 많은 것을 배울 수도 있습니다. 물론 서로 어느 정도는 술을 마실 수 있다는 전제가 필요합니다만.

저 역시 공적으로나 사적으로나 술의 덕을 많이 보았습니다. 일본생명에 다니던 시절, 중국에 보험 회사를 만들기 위해 거의 한 달에 한 번 꼴로 베이징과 상하이를 오갈 때가 있었습니다.

당시 교섭 상대는 일본의 금융청에 해당하는 중국인민은행의 보험 담당 직원들이었는데 간부들은 거의 전원 미국 대학의 MBA 소지자였습니다.

낮 동안 교섭할 때는 통역사를 두고 딱딱한 분위기에서 긴밀한 논의가 오갔지만 밤 모임으로 이어지면 술이 조금 들어간 상태에서 서로 속내를 털어놓는 화기애애한 분위기가 만들어졌습니다. 통역 없이 영어로 대화를 나누며 좋은 관계를 쌓아갈 수 있었지요. 그때 그들로부터 많은 것을 배웠습니다.

한 가지 일화를 소개해봅니다.

소련이 막 붕괴했을 무렵이었는데 저녁 술자리에서 농담으로 "다음은 중국 차례일지 모릅니다"라고 이야기했더니 상대가 웃으면서 이런 질문을 던졌습니다.

"데구치 씨, 소련이 왜 붕괴했는지 아십니까?"

"공산주의의 한계 때문"이라고 말하자 이런 답변이 돌아왔습니다. "아닙니다. 그들에겐 읽을거리가 마르크스, 레닌 정도밖에 없었기 때문입니다." 즉 참고할 문헌이 없었기 때문에 100년도 살아남지 못했다는 이야기였습니다.

그의 이야기가 이어졌습니다.

"반면에 중국은 그 외에도 중국 4천 년 역사 속에 다양한 문헌들이 쌓여 있고 우리는 그걸 읽으면서 배우고 있습니다. 따라서 소련과 같은 길을 걷는 일은 없을 것입니다."

그 말에 고개가 끄덕여졌습니다.

중국에는 배우려고만 하면 그와 관련된 역사서와 문헌을 많이 접할 수 있습니다. 제가 만난 이들 역시 그걸 읽고 배우고 있었습니다. 중국은 정말 그렇게 쉽게 무너지지 않겠지요. 그 뒤로도 그들과 계속 친교를 쌓았는데 교양이 풍부하고 매우 멋진 사람들이었습니다. 그들과 이야기를 나누면서 중국은 단순한 사회주의 국가가 아니라는 걸 절절하게 깨달았습니다.

이처럼 상대방을 더 깊이 알 수 있었던 것은 적당히 취한 분위기에서 편안하게 대화를 나눌 수 있었던 덕분이었습니다.

음주에도 확고한 기준이 필요

머리로는 알지만 적당히 마시고 끝내는 게 좀처럼 쉽지 않다는 사람도 있습니다. 굳이 제가 한마디를 하자면 거기서 끝낼 수 있어야만 진정한 어른이라고 할 수 있지 않을까요.

저는 80여 개 나라를 여행했지만 전 세계에서 일본만큼 음주에 관용적인 사회는 없는 듯합니다. 이슬람권처럼 음주가 금지인 국가도 있고 서구 사회에도 술을 마시지 않는 사람이 많습니다. "술 한 잔 못 마시는 사람과 같이 일할 수 없지"라고 말하는 상사가 있는 선진국은 일본 정도입니다.

어쨌든 일본이 음주에 너무 관대하다는 사실은 확실히 인식할 필요가 있습니다. 예를 들어 곤드레만드레 취해서 술자리에서 도가 지나친 행동을 해도 일을 잘하면 대개 문제가 되지 않습니다. 전철 막차 시간이 다가오면 취객이 역무원이나 다른 승객에게 시비를 거는 모습이 눈에 띕니다. 또 만취해서 역이나 길거리에서 잠들어버린 사람도 볼 수 있습니다. 길가에서 아무렇지 않게 구토하는 사람도 있습니다.

해외에선 그런 광경을 찾아보기 어렵습니다. 일본 이외의 나라에서는 어느 정도 교육 수준이 있는 사람이라면 스스로 자제하면서 술을 마십니다. 그게 불가능한 사람은 그 정도로 형편없는 수준이거나 알코올 의존증으로 여겨지곤 합니다.

일본처럼 일만 잘하면 술버릇이 나빠도 용서받는 사회는 전 세계를 둘러봐도 아주 이례적입니다. 선진국에서는 술버릇이 나쁜 사람은 절대 출세할 수 없습니다.

어른이란 자기 자신을 통제할 줄 아는 사람입니다. 자신을 제어할 수 있는 사람이지요. 이성을 잃을 정도로 술을 마시는 사람을 어른이라고 할 수 있을지 의문입니다.

술은 너무 많이 마시면 독이 되고 적당히 마시면 약이 된다고들 말합니다.

저 역시 술을 아주 좋아합니다. 술은 정말로 멋진 친구라고 생각합니다. 술과 계속 좋은 관계를 유지하고 싶습니다. 그렇기 때문에 저 자신을 확실히 제어하면서 적당히 취기가 올랐을 때 멈춥니다. 그렇게 앞으로도 꾸준히 술과 좋은 관계를 맺어나가고 싶습니다.

인생의 문장들

한 잔의 술은 재판관보다
더 빨리 분쟁을 해결해준다.

- 에우리피데스 Euripides

옮긴이 장민주

나고야대학 정보문화학부를 졸업하고 출판사에서 여러 해 동안 기획편집 일을 했다. 옮긴 책으로 《엄마가 돌아가셨을 때 그 유골을 먹고 싶었다》《철학이라 할 만한 것》《착한 집에 살다》《채소 한 그릇》《가족의 나라》《슬로 리딩》 등이 있다.

인생의 문장들

초판 발행 · 2021년 4월 5일
3쇄 발행 · 2021년 9월 30일
특별판 발행 · 2023년 8월 24일

지은이 · 데구치 하루아키
옮긴이 · 장민주
발행인 · 이종원
발행처 · (주)도서출판 길벗
브랜드 · 더퀘스트
출판사 등록일 · 1990년 12월 24일
주소 · 서울시 마포구 월드컵로 10길 56(서교동)
대표 전화 · 02)332-0931 | **팩스** · 02)323-0586
홈페이지 · www.gilbut.co.kr | **이메일** · gilbut@gilbut.co.kr
대량구매 및 납품 문의 · 02)330-9708

기획 및 책임편집 · 허윤정(rosebud@gilbut.co.kr) | **제작** · 이준호, 손일순, 이진혁
마케팅 · 한준희, 김선영, 이지현 | **영업관리** · 김명자, 심선숙 | **독자지원** · 윤정아, 최희창

디자인 · 어나더페이퍼 | **교정교열** · 최지은
CTP 출력 및 인쇄 · 예림인쇄 | **제본** · 예림바인딩

· 더퀘스트는 (주)도서출판 길벗의 인문교양·비즈니스 단행본 브랜드입니다.
· 잘못 만든 책은 구입하신 서점에서 바꿔드립니다.
· 이 책에 실린 모든 내용, 디자인, 이미지, 편집 구성의 저작권은 (주)도서출판 길벗(더퀘스트)과 지은이에게 있습니다.
  허락 없이 복제하거나 다른 매체에 실을 수 없습니다.

ISBN 979-11-407-0599-3 03190
(길벗 도서번호 040278)

정가 17,000원

독자의 1초를 아껴주는 정성 길벗출판사

(주)도서출판 길벗 | IT교육서, IT단행본, 경제경영서, 어학&실용서, 인문교양서, 자녀교육서 www.gilbut.co.kr
길벗스쿨 | 국어학습, 수학학습, 어린이교양, 주니어 어학학습, 학습단행본 www.gilbutschool.co.kr